More Better Life

豊かに暮らすということ

眞木健一
Kenichi Maki

はじめに

職人気質を活かして飛躍を続けてきた日本の産業

日本人のモノづくりの技術力と緻密さには、今や世界中から高い評価が寄せられています。それは自動車などの工業製品から、染め物や織り物などの繊維産業、また、包丁や鍋などの鍛冶技術、組木のような木工細工、漆器にほどこされた蒔絵まで、いわゆる職人技が、遡れば町人文化が花開いた江戸時代から脈々と受け継がれているからです。

江戸時代の下町は、大工町、鍛冶町、塗師町などの職人が専門分野で町をつくっていました。彼らは、武士や町人からの高度な要求にも腕一本でみごとに応えてみせようと、要求や期待よりもはるかにクオリティーの高いものを目指していました。その職人気質を受け継ぎ、上手に活かして発展したのが、日本の産業なのです。

私は、住宅業界にいて、伝統的な技術で造られた日本の家屋が、実は細部にいたるまで様々な工夫と装飾美が凝らされていることに感動しました。それは各分野の名も無き職人たちの高い技術の裏付けなのです。

また一方、私たちの生活は戦後めまぐるしく変化してきました。戦後のモノのない時代から一転、家電製品など海外からの文化が盛んに入ってくるようになりました。消費と共に経済は潤い、家電製品も日々進歩するため、古いモノは捨てられ、人々は新製品に敏感になり、多額の広告費がかけられた商品に踊らされます。そうやって経済は潤い、日本はバブル経済を経験したかと思うと、またすぐに経済危機がやってくるということを繰り返してきました。

海外からのブランド品を持つことが金持ちの象徴となり、高校生までがブランド品を手にする時代となりました。やがてデフレ時代とともに、アジアからの安価なモノが入ってきて１００円ショップができ、あらゆるモノが安価に手に入ります。しかし、それは大切に使うモノではないのです。お得感につられて買ってきたものはいつも気軽に捨てられます。

人々はそろそろ使い捨て社会に飽きてきたかもしれません。私だけでなく、早く気づいた人は、めまぐるしく生まれては消える新製品には惑わされなくなってきました。新しいものを追うことをやめ、自分らしく永く使えるモノを選ぶようになってきました。消費＝経済ということは分かっていても、消費＝幸せとはならないことにも気づきはじめました。安価な消費と使い捨てをよしとした時代が長く続いたことで、人々は幸せの価値を見失っていることがあるのではないでしょうか。

経済発展に走った日本人が、合理性ばかりに目を奪われ、本当に大切なものを失ってしまったことに、われわれは、そろそろ気づかなければならないのです。今、日本のモノづくりの原点にもどるときなのです。

目次

これからはモノづくりの職人たちの心意気が活かされた住まいや、生活の道具、自然食品、四季の情緒などを改めて見直すことで、消費が美徳だった時代や使い捨て社会では味わえなかった豊かさを、生活のなかで実感したいと思います。

眞木健一

第五章　ずっと遺《のこ》したい職人がつくる家

第一章　季《とき》を楽しむ

一年中
花を絶やさない

あるお宅を訪ねたときに、少し暗い玄関に白い山桜が竹筒に活けてありました。これはとても美しかった。ある冬の日、受験生のいる家のダイニングテーブルにまだ蕾のピンクのチューリップが大きなガラスの器にゆったりと活けられていました。それは「もうすぐ春よ。がんばって」という母親の静かなエールにちがいありません。かわいいチューリップの蕾が不安いっぱいの若い受験生の心をやさしく癒してくれたことでしょう。また、洗面所を使わせていただいた時ふんわりと漂ういい香り。そのもとは一輪だけ活けられた黄色いフリージアでした。その清潔な空間に家主の素敵さが匂いたつような気がしました。

花は日常のなかにさりげなく飾られてこそ美しいものです。また、雛祭りに女の子の成長を祝う桃の花、春の野山を楽しんだ日の夕食のテーブルに飾られるレンゲや菜の花、夏休みの朝の食卓に開いたばかりのみずみずしい朝顔、秋の夕暮れにまるでそこだけ明かりが灯っているような玄関のコスモス、寒さの厳しい季節の床の間に凛としたいのちの輝きをみせる一輪の椿……と、花は、季節ごとの家族の日々の暮らしに寄り添って、時間をたのしむゆとりのようなものを感じさせてくれます。

ヨーロッパではどんなに貧しくても花を絶やさないといいます。花は嬉しいときも、辛いときも心に明かりを灯してくれ、心豊かにしてくれるからです。花屋さんで買う花でなくても、庭先や野山に咲く小さな花をほんの少しコップに飾るだけで心潤うのは本当に不思議です。小さな植物が元気をくれるからでしょうか。


「花は野にあるように」と言われます。自然に咲いているように見えるのが一番美しいと思います。自然といっても、ただ自然のままということではなく、切り捨てるべきものは捨て、花や葉に美しい表情が感じられ、優美な雰囲気が漂うものでありたいと思います。

最も季節を先取りして楽しむのは、茶室の花、茶花です。一月は梅、侘助椿、蝋梅《ろうばい》。二月は菜の花、猫柳。三月は桜、雪柳。四月は都わすれ、山吹、牡丹、芍薬。五月は藤、鳴子百合、空木《うつぎ》、アツモリソウ。そして夏は木槿《むくげ》、ナデシコ、秋はフジバカマ、キリン草、水引草など、自然の木々や野山の草花には茶花に使えるものがいっぱいです。

花は活けようひとつ。花入れも活け方のうちです。花入れには、瓶、籠、壷、筒、吊りもの、掛花入れなどがあります。花入れは、だれの作というものよりも、花が引き立つものを選ぶことが大切で、花を活ける人の感性が問われるところですね。活ける人の美意識が大切なわけです。花の色と器の取り合わせ、置く場所など、すべてのものが引き立つように、花が生き生きと見えるように。

パーティーなどの華やかな花は、普段の暮らしには似合いません。野山で出合った自然の花々の姿にこそ、花の美しさを生かすヒントがあるのではないでしょうか。

露地ものには、
栄養価が
たっぷり

我々が野菜を食べたいときは、健康に対する強い思いがあると思います。でも、私たちは本当に体にいい野菜をきちんと選んで食べているのでしょうか。ハウス栽培によって一年中、どんな野菜も手に入れられる時代になってきましたが、体にいい野菜とは、まずは旬の露地栽培の野菜のことです。

旬の野菜には、その食材が持つ本来の美味しさや、栄養価がたっぷりとつまっています。栄養価が高いだけでなく、人がその季節に必要とする栄養素を多く含んでいるのです。夏には夏野菜が身体を冷やしてくれ、冬には冬野菜が身体を温めてくれるというように。

安全性からみても、ハウス栽培は露地栽培に比べ、散布した農薬がハウス内にこもって、放散や紫外線による分解が遅くなるため、農薬の残留期間が長くなってしまいます。一方、その地域に適した旬の野菜は、露地栽培で生育が早いため農薬使用量も少なく、分解も早くて残留農薬が少なくてすみます。

また、スーパーに並んでいる野菜のほとんどが、生産性を上げるために、農薬や化学肥料を使用した野菜です。どこでも手に入りやすく、値段も比較的安価です。見た目もきれいで、虫や泥も付いていません。でも、農薬をたっぷりと含んだ野菜を食べ続けても大丈夫なのでしょうか。

今、安全ということで注目されているのがオーガニック野菜（有機野菜）。有機ＪＡＳ規格では、２年間以上化学肥料と農薬を使用しない期間を続けた土壌で育てた野菜のことです。何といっても自然農法で作られた野菜は逞しく、生命力が強いのです。自分で生きようとするチカラがあるから、自ら根を張って栄養分を取りにいきます。だから野菜本来の味をきちんと持っていて美味しいのです。しかし、オーガニック野菜を生産するには時間と手間がかかりますから、一般の野菜に比べて値段も割高になってしまうのです。

消費者がスーパーなどで買い物をするときには、野菜に表示されているのは野菜の名前と生産地くらいで、使われた農薬や化学肥料の量は表示されていません。なかには、生産者の名前や連絡先などが記されているものもあり、ＨＰなどで自主的に農薬や化学肥料などの情報を公開している生産者もいらっしゃいます。このような情報をきちんと得ることも安全で体にいい野菜を手に入れるために必要です。

野菜作りは土壌づくりが大切。きちんと土を作り野菜を育てる、真面目にやっている生産者を応援してあげたいのです。産地・生産者・栽培履歴のわかるものや、無農薬で真面目に作っている農家の野菜をぜひ選んでほしいと思います。本当に体にいい野菜を選んで、美味しくいただきましょう。

旬の魚を味わう

魚には季節ごとに旬があります。旬のものは美味しいだけでなく、栄養価も高いので、なるべく旬の魚を味わいましょう。春は、タイ、ニシン、サワラ、メバル、ハマグリ、カツオなど。夏はアジ、スズキ、アユ、トビウオ、ウナギ、タチウオなど。秋は、サンマ、サケ、イワシ、カマスなど。冬はブリ、タラ、ヒラメ、フグ……と、季節ごとの魚を唱えるだけで、今夜の酒のお供を思い浮かべ、日本人に生まれたシアワセをつくづく感じます。

最も贅沢な旬の魚の楽しみ方は、旬を狙ってその土地を訪ねて味わうことです。私は、魚は鮨屋に行って鮨で味わうのが一番美味しいと思っているので、それぞれの土地にお目当ての鮨屋を決めています。名店の鮨職人が握る鮨をカウンターで味わうと、旬の魚のとろけるような美味しさに背筋が伸びる思いがします。

6月～8月は、唐津の商店街にある「鮨処　つく田」の江戸前寿司でいただくムラサキウニ。甘味のある濃厚な旨味にため息が出そうなほどです。

7月は瀬戸内、淡路島のハモ。梅雨の雨を飲んで美味しくなるというハモ。京都の祇園祭に欠かせないのがハモ料理です。

10月は、鳴門の鯛。鯛は春の魚と言われていますが、鳴門は秋。渦潮にもまれ身が引き締まった鳴門の鯛は10月が旬なのです。徳島県鳴門市にある料亭「古今《こきん》 青柳《あおやぎ》」が旬の鯛を一番美味しく食べさせてくれます。鯛の甘さがたまりません。身に合わせて包丁を入れるので、デコボコした鯛の切り身を噛みしめると、食感がコリコリして弾けるような美味しさ……噛むほどに甘味が増すのです。

12月は、山口県福山市のフグ。フグを知り尽くした職人が包丁を入れたフグの刺し身をポン酢とネギで味わうときの幸福感……。身を噛みしめるとさっぱりとしたなかに旨味がじんわり感じられます。

3月は、富山のホタルイカ。泳いでいるホタルイカを鍋に入れると、熱い出汁に浸かった瞬間に内臓がプチッと破裂し、ミソが出たところをそのまま口の中へ……ミソの甘味が口中に広がって、何ともいえない美味しさです。

本当に美味しい魚を食べるために、もうひとつ大切なのは海の秩序を守りながら、真面目に漁業に取り組んでいる漁師の存在です。自分たちの海を守りいい仕事してくれる漁師と魚を知り尽くした料理人がいる限り、これからも私たちは美味しい魚を食べることができるのです。

そして、豊かな海をつくるのは、豊かな森であることも忘れてはなりません。

明珍火箸が
夏を奏でる

さわさわと吹く風に揺れる木々の葉ずれの音、思いがけない夏の夕立、雨の降る前にあたりに立ち込める湿った匂いと、秋の日にしとしとと降る雨の音、だれもいなくなった夏の終りの海辺の波の音、秋の夜長に聴く鈴虫の声、そして、冬の静寂な茶室で炉の釜に湯の沸く音に耳を傾けるひととき……。私たちの暮らしのなかには、五感で季節を感じ、楽しむという心地よい時間がありました。そんな時間を持つことがだんだん少なくなってきている現代人に、五感で味わう時間を取り戻してほしいと思います。

暮らしのなかに風情を取り入れる小道具として選びたいのが「風鈴」です。夏の暑い昼下がり、街並みを歩いていたらどこからともなく聴こえてくるチリンチリンという音色。軒先に下った風鈴の音色です。その爽やかな音色に風を感じ、ひとときの「涼」に誘われます。かつては夏の風物詩だった風鈴も最近ではあまり見られなくなりました。風鈴の音色に耳を傾ける時間……。素敵ですね。

風鈴にはガラスや陶器、南部鉄などいろいろな素材がありますが、音のひっぱり方、音の余韻を楽しめる風鈴としてお勧めしたいのが「明珍火箸の風鈴」（兵庫県指定伝統工芸品）です。

明珍家は、平安時代から続く甲冑師の家柄で、48代までは姫路藩主・酒井家につかえて数々の甲冑を作ってきましたが、明治維新で武士の時代が終わったあと、その昔、千利休から頼まれて火箸を作ったという故事から、火箸作りに取り組んだのです。以後、多くの茶人からも愛用された「明珍火箸」が生まれました。

やがて戦後になり、ストーブの時代を迎え火箸の需要が落ち込むようになり、52代の宗理さんがその匠の伝承技術を活かして、4本の火箸を組み合わせた「明珍風鈴」を考案しました。

「明珍風鈴」は、職人の鍛えられた技で鉄を何度も打ち叩いて作ることで、透明感のある美しい音色が生まれます。静かに耳を傾けていると、ざわざわとしていた心が落ち着いてゆくのを感じることができます。

現在は息子の明珍敬三さんも53代として一緒に仕事をされています。東西南北の風に火箸が触れ合うことで生まれる澄んだ音色は、まさに匠の技で、全国に多くのファンを獲得しました。

また、宗理さんによって創作楽器も作られ、その音色の素晴らしさは、国内外のミュージシャンからも絶賛されています。

明珍宗理さんは、2011年に「現代の名工」に選ばれ、2014年に黄綬褒章《オウジュホウショウ》を受章。

時代の変遷とともに、時代にあわせての創意工夫で、伝統の手仕事を守っていき、代々受け継がれる明珍家の技術……。その生き方にも拍手を贈りたいと思います。

風情ある景色をつくる簾

清少納言も枕草子に「香炉峰の雪は簾をかかげて見る」という中国の漢詩を引用しています。「簾《すだれ》」の歴史は平安時代にまで遡ります。

平安時代の貴族の住まいでは、ドアや引き戸のような部屋を仕切るものがなく「御簾《みす》」と呼ばれる今の「簾」の原型になるものを部屋の仕切りに使っていました。

「簾」は、主に竹で作られています。竹を細かく割き、太さを揃えて綿糸で一本ずつ編んでゆきます。また葦で作られるものもあり、用途によって使いわけられます。いずれも「簾」は、窓の外に垂らして日差しを遮るとともに、外部からの人の目線も遮ることができます。また、窓との間に空気層をつくることで、熱を遮り、組まれた竹の隙間から自然の風を部屋の中に取り入れることで「涼」を取ることができます。

この昔からの賢い日本の生活の小道具「簾」は、強い日差しを遮りつつ爽やかな風を通すという、一石二鳥な便利な道具なのです。そうしたことから、省エネルギーが言われるようになった現在、私たちの暮らしのなかで、エコでしかもお洒落な小道具として復活！　ブラインドやカーテン、スクリーンの代わりのインテリア装飾品として注目されています。

また、家の外からの風情もとても魅力的です。窓をデザインする簾の柄もおしゃれです。最近では伝統の知恵と技を活かしながら、しかも今の暮らしに活かせる新しい簾を提案してくれる職人さんもいます。

和の街並みに、簾のかかった窓や仕切りがしっくりと馴染むのはもちろんですが、どんな佇まいにも不思議としっくり馴染むのは、自然素材のためでしょうか。洋風なものを持ってくるより、新しさがあります。大きな窓一面に、まるでブラインドのように自然素材の簾をかけてある風景に出合ったことがあります。それはすごく新鮮でした。室内から見ても竹に透けて見える庭の景色は一幅の絵のように美しく感じました。インテリアとして、生活シーンに合わせてさまざまな演出ができるのも「簾」の楽しさです。

簾のかかった窓……、その街並みは美しく、そこにはさわさわと吹く爽やかな風を感じませんか。日本人の暮らしの知恵は、機能的でしかも美しいものが多いですね。

火鉢のある暮らし

火鉢といえば、清少納言の『枕草子』の一節が浮かびます。

「冬は、つとめて。雪の降りたるは、言ふべきにもあらず、霜のいと白きも、またさらでも、いと寒きに、火など急ぎおこして、炭持《も》てわたるも、いとつきづきし。昼になりて、ゆるくゆるびもていけば、炭《す》櫃《びつ》火桶《ひをけ》の火も白き灰がちになりて、わろし。」（冬は、早朝。雪の降ったのは、改めて言うまでもなく、霜が真白におりているのも、また、そうでなくても、ひどく寒い朝、火などを大急ぎでおこして、炭を御殿から御殿へ運んで行くのも、いかにも冬の早朝の景としてふさわしい。昼になって、気温が暖かくゆるんでゆくと、炭櫃《すびつ》や火桶の火も白く灰をかぶってしまって、みっともない。）角川ソフィア文庫「新版　枕草子　上巻　付　現代語訳　石田穣二訳注」より

火鉢の歴史は奈良・平安時代から始まりますが、一般庶民には、鎌倉中期から末期にかけてといわれています。このころから床に畳を敷く生活が始まり、炉に薪をくべる生活から、火鉢に炭火、という暮ら

しに変わってきたと思われます。『枕草子』に出てくる「火桶」とは、火鉢のこと。火鉢は、古くは「火桶」「炭櫃」「火櫃」と呼ばれていました。そして、火鉢は、一昔前まで日本のそれぞれの家庭で使われていました。

火鉢を囲んで人と人が近づき手をかざし、暖をとる……。炭火が柔らかく燃えるほのかな温かさが、人の心を和やかにしてくれます。石油や電気、ガスなどで暖をとるようになり、日本の家庭から火鉢が消えて、随分になりますが、今また、火鉢のある暮らしがじんわりと人気上昇中です。それは火鉢のある空間の風情や、そのやさしいぬくもりが見直されているからでしょう。鉄瓶をかけ、湯を沸かし部屋の乾燥を防ぎながら暖を取る。そこでお餅を焼いたり、銀杏や豆を炒ったり、またお酒の燗をつけたり……。ちょっと前まであった、ゆったりと時間が流れる懐かしい暮らしが甦ります。

欅や桐などの木製火鉢、銅や鉄などの金属製の火鉢、陶磁器製の火鉢など、火鉢の種類はさまざまです。大きさも、一人用の小型のものから、部屋全体を暖める大型のものまであり、形の角型、丸型などさまざま。木製の長火鉢には、便利な引き出しなどが付いたものもあります。また、江戸時代から明治時代にかけてインテリアとして発展したので、漆のものや、ラデンを施した木製のものなど凝ったデザインのものや、鮮やかな色彩が施されて美しい陶磁器製の火鉢もあります。

火鉢は、私たちの暮らしに心のゆとりを与えてくれる冬の道具です。

四季折々、着物の美

日本の着物の美しさは、ほかのどの国の衣裳と比べても引けをとらない秀逸のもの。色、柄、織りのどれをとっても優美。その美しさは世界中から高い評価を得ています。

元禄時代に扇絵師・宮崎友禅斎によって考案された京友禅は、絹織物の白い布に絵を描き染めだしたものを鴨川の流れでさらし、鮮やかな色彩を出していたもので、本格的な手描き友禅は、完成までに26工程までもあり、大変手間のかかるものです。

加賀友禅は、京友禅の創始者といわれる宮崎友禅斎が晩年金沢に身を寄せ、加賀御国染に大胆な意匠を持ち込み、確立した染色技法で染めた作品で、花鳥風月などの自然の柄が多く、色彩の華やかな美しさで知られます。

また、奄美大島の伝統工芸品、大島紬の泥染めは、世界に類を見ない天然の染色法で、自然色の粋な美しさが多くの人を魅了しています。

いずれも職人のこだわりぬいた手仕事の技術が作り上げた作品で、母から子へ、子から孫へと三代が譲り受けることができるというのも素敵です。

日本人でも着物を着る機会がほとんどなくなってしまいました。若者が着物に袖を通すのは、花火大会での浴衣くらいでしょうか。しかし、京都など日本の古都を訪ねる若者が、古い街並みを着物姿で散策するという場面もよく見かけるようになりました。日本人らしい着物への憧れが若い方にもあるのだと、ちょっとほっとします。

手仕事の工芸品の美しさのほかに、着物の良さとは何でしょうか。なんと言っても女性が美しく見えることです。しかし何より素敵なのは、着物を身につけたときの所作の美しさではないでしょうか。襖の開け閉めなど和室での所作、羽織を着るしぐさなど、立ち居振る舞いの美しさが、静かで美しい日本人の「精神的な美学」を感じさせてくれます。着物を着慣れた人は、着物を着ていないときでも、「この人は着物をよく着るかたではないだろうか、茶道をしているのではないだろうか」と思え、その想像が当たることが多いのです。それは全体的な物腰の美しさがそう感じさせるのだろうと思えるのです。

また、着物は、帯、帯締め半襟などの小物とのコーディネートで全く違った雰囲気に着こなせることも楽しいですね。また、季節によって「袷」「単衣」があり、また素材や柄などで季節の趣を楽しめます。

たまには歌舞伎鑑賞やパーティーなどに着物で出かけ、非日常な時間を楽しんでみませんか。きっと、いつもと違う自分に出会えて、それもまた、素敵なことではないでしょうか。

日本の美しい着物文化をずっと遺していきたいものです。

日本人の豊かな
美意識と精神
茶の湯

静かな茶室に、「松風」と呼ばれる釜で湯の沸く音だけがしゅんしゅんと聴こえ、炉に炭とともに入れた香の香りが漂います。心落ち着く茶の湯の時間。

昔は、結婚前の女性の心得として茶道を習うという話をよく聞きましたが、最近はそうしたこともかなり少なくなってきたように思われます。なぜ、茶道をたしなむことが良いとされてきたのかというと、それは茶の湯の作法の中には、現代の人々が忘れかけている豊かな美意識や、大切な精神を身につけることができるからではないでしょうか。

もてなしの心から生まれた茶の湯は、「ものや相手を大切にする」という精神があらゆる所作の基本となっています。

茶席でお茶をいただくときは、最初に隣に座っている人との間に茶碗を置いて、「お先にいただきます」の挨拶をします。これは、相手への心配りです。今度は亭主に「お点前ちょうだいいたします」と挨拶し、茶碗を丁寧に取り上げて、両手で茶碗を少し上げて押しいただくように目礼します。それは大切な茶碗でいただくことへの感謝の気持ちです。そして、茶碗を90度ほど手前に回してお茶をいただきます。なぜ回すのかというと、それは一番美しい景色とされる茶碗の正面が汚れるのを避けるためで、これは茶碗と持ち主に対する謙譲の気持ちです。一口いただいたら、「結構なお服かげんです」と挨拶。点ててくれた方への感謝の気持ちを表します。お茶をいただき終わったら、口をつけた茶碗の縁を指でぬぐい、茶碗を正面に戻して拝見します。

作法の一つひとつの意味を考えると、こうした作法には「ものを大切にする」という日本の美意識が感じられます。稽古を重ねることで、それが自然と身に付き、普段の暮らしのなかで生きてくるのです。

また、お点前は、薄茶点前、濃茶点前、季節ごとに道具の取り合わせが変わるなどと、とても複雑な印象がありますが、基本は、道具を清め、心を清めながらお点前を行うことです。経験を積んでいくことで、これがいかに理にかなった無駄のない動きであるかが理解できます。

茶道は、点前の順序や形式、流れを体に覚えさせるために何度も何度も繰り返し稽古します。それは、何百年という歴史のなかで、育まれた理想のカタチなのです。千利休が和歌の形を借りて、茶道の精神、点前作法の心得などを初心の人にもわかりやすく三十一文字にまとめて百首集めた「利休百首」のなかに次の一首があります。

「稽古とは一より習ひ十を知り十よりかへるもとのその一」

茶道は一から順に十まで習い、そこまでいったときにまた一に戻ると、初めの一の本当の意味がわかってくるという……。稽古を重ねた日々があってはじめて、この一首に共感でき、稽古の楽しさや喜びが胸に湧き上がってくるものです。

茶の湯という長い歴史のなかで磨き上げられてきた深い精神性から、今の私たちが得るものは決して少なくありません。日本人であれば、日本の文化に触れることで心が落ち着くのは当然なのでしょう。

第二章　食を楽しむ

森から生まれる
豊かな水源

山歩きをしているときに小さな花を見つけ、思わず駆け寄るとそばにこんこんと湧き出る岩清水を発見。手ですくってゴクゴクと飲むと喉を通る清らかで冷たい水の美味しさを楽しんだ経験はありませんか。

湧き出る水は、命の象徴。地下深くからこんこんと湧き出る自然水には、マグネシウム、カルシウムをはじめとするミネラルがたっぷりと含まれています。

九州一の高い山々がそびえ立ち、その山々を原生林が覆う神秘の島・屋久島を代表するように、森林に恵まれた豊かな水源をもつ日本は、自然がもたらす水のありがたさ、大切さを感じて過ごす人は少ないかもしれません。日本人は豊かな水のある暮らしを当然のように享受していますが、海外の発展途上国では、人口の増加に伴い、水不足が大きな問題となっています。そこで山の麓の水が湧き出る場所を競って手に入れているという話も聞きます。世界の市場は、豊かな水を持つ日本の山を狙っています。アラブ諸国は、石油を売って大国になりました。では、日本は水を売る？　そう考えると、水は、わが国の稀少な資源です。

日本とても決して水が有り余っているわけではないのです。降水量は年々減っているし、豊かな水源となる森も減ってきています。少雨の年と、多雨の年の年間降水量の開きも大きくなり、安定的な水の供給が難しくなってきています。

日本では、豊かな水源のもとになる、豊かな森が失われつつあるのです。それは、林業を取り巻く情勢が厳しいなかで、必要な森林の整備が十分に行われておらず、伐採がされないままツル植物が密生し、暗くて植物が育たない森林に変わりつつあるのです。ヤブと化した森林では、森林に期待される水を浄化する力、水を蓄える力、土壌を保持する力も低くなっていきます。森林は、国土の保全、生態系の保全、地球温暖化の防止など、様々な働きをもっています。特に水源地域の森林は、水を蓄え、水源を浄化し、安全で良質な水の安定的な供給に大きな役割を果たします。そして、豊かな森林は豊かな海へと繋がります。

豊かな水資源国家を守るために、森を守り、川を汚さない……それこそが今、自分たちに大切なことなのです。

素材の旨みを引き出す塩

ふっくらご飯に美味しい「塩おにぎり」、川魚のいい香りを引き立てる「鮎の塩焼き」、岩塩と粒胡椒で焼く「牛ステーキ」などなど……塩は、素材のもつ美味しさを引き出すために欠かせない調味料です。

料理の素材にはとてもこだわるのに、その素材の味を引き出す調味料に関しては無関心な人が多いのが、とても不思議です。素材は、調味料を適確に用いることで、初めておのずから持ち味を発揮します。

塩は旨みの究極のものです。素材を活かすもころすも塩とその使い方にかかっています。だのに精製塩（科学的に作られた塩・塩化ナトリウム）で、漬物、おかず、保存食などすべての料理の味付けをする……これではせっかくの素材がかわいそうです。

塩は大別すると、海水から作られる「海塩」と、岩から掘り出す「岩塩」に分けられます。四方を海で囲まれた日本は、古くから海の塩を利用してきました。製法は、塩田に撒いた海水を太陽と風の力で蒸発させる「天日塩」と、海水を煮詰めて作る「平釜塩」があります。海のミネラル成分をそのまま残している海塩は、にがり成分に独特のコクがあるのが特徴。

一方、岩塩はミネラル成分を残しつつも、にがり成分が適度に抜けた状態なので、まろやかな味になっています。


福岡県の糸島に製塩所「工房とったん」。海の恵みがたっぷりと味わえる、昔ながらの塩づくりに励んでいる工房です。そこで作られる「またいちの塩」は、玄界灘の海水を立体塩田で濃縮させ、釜で三日間じっくりと炊き上げて、とれた塩を杉樽で寝かせてできた塩です。これはにがりを若干残した状態なので、精製塩より少ししっとりしていて、ひとつまみなめてみるだけで海のミネラルの美味しさを実感できます。塩おにぎり、塩味のスープ、肉や魚のふり塩、炒めものの仕上げなどに最適。

この「またいちの塩」を鉄釜で、火力に細心の注意をはらいながら焼き上げたのが「またいちの極上『焼塩』」。素材の味を引き出す力のある塩なので、白身の刺し身や生野菜につけるなど、食卓塩として最適です。

また、一番結晶である「花塩」は、旨みの濃い塩。サラダ、カルパッチョなどの料理の仕上げのトッピングにと、食感を楽しむ料理にぴったり。

一方、ちょっと神秘的なのが天草の「満月塩」。満月の日に汲みあげた天草の海水によってつくられた塩です。「満月の日には出産が多い」とよく言われますが、人間の血液や体液が月の引力に引っ張られるのでしょうか。満月のエネルギーに満ち溢れたこの天然の塩。元気がもらえそうですね。

いずれも自然がもたらす美味しい塩を、私たちは大切にしたいですね。

自然がつくる
まろやかな酢

昔からカラダにいいといわれる「酢」。

酢は、さっぱりとした酸味がさわやかに食欲を刺激します。酢の主成分である酢酸には、高めの血中脂質を低下させる働きがあることがわかってきました。高脂血症は、高血圧とともに動脈硬化を引き起こし、心筋梗塞や狭心症を引き起こす原因ともなります。毎日、酢を摂ることで、血中脂質を低下させる効果があります。

また、酢には疲労を回復させる効果もあります。スポーツの後などに必要なのは糖分を摂り、グリコーゲンを補給すること。このときも、酢と糖分を一緒に摂ることでより効果的にグリコーゲンを補給できます。

しのぎにくい日本の夏、食欲も落ちる季節に、さっぱりとした「酢のもの」がほしくなるのは、この季節のカラダが求めているからでしょうか。

ほかにも、殺菌効果や素材の色を鮮やかにする効果もあります。ゴボウやレンコンは酢水にさらしたり、酢を加えた湯で茹でると白く仕上がります。

健康のためにも、さまざまな料理に使いたい酢、今、お勧めしたい酢があります。昔ながらの製法で作り続けている「庄分酢」です。「庄分酢」は、1711年（宝永8年）に筑後国久留米藩の大川の造り酒屋が酢を造ったのが始まりといわれています。以来、300年、この地で昔ながらの伝統的な製法を守り、醸造酢づくりを変らずに続けています。

屋外の土中に半分埋まった仕込みのカメは昔から使ってきた大ガメ。この陶器のカメが太陽を吸収し、発酵を促すのです。カメの中で3カ月、そこに棲む微生物によって発酵が静かに進み、糖化した米が酒になり、さらに酢に変化していきます。やがてまろやかな味と香りの酢が出来上がります。

こうして出来上がった酢のまろやかさは、料理の素材の持ち味を引き立て、繊細な味の料理にはなくてはならないこだわりの調味料として重宝されています。上質の醸造米酢に、一番出汁や昆布出汁で希釈して、塩を加えるとなんとも言えない旨みが生まれるのです。

また、酢には、醸造酢、合成酢、ポン酢、果実酢などがあります。料理によく使われるポン酢は、柚子、橙、スダチ、レモンなどの絞り汁で作られます。また、葡萄、林檎、柿などから作られた果実酢、バルサミコ酢など、さまざまな料理に、こだわりの酢を試してみましょう。

昔ながらの伝統的な製法で、自然の力を借りて生み出される日本古来の調味料・酢。それを季節や体調、味覚に合わせて日々の料理に上手に取り入れた先人たちの知恵に心から感謝したいものです。

今では貴重な
昔ながらの
仕込み醤油

日本料理の味付けに欠かせない基本となる調味料が、醤油。今や世界のシェフたちも注目している調味料です。「もしも、醤油がなかったら」という目で日本の「食」を見なおしてみると、刺し身ににぎり寿司、そして蕎麦、野菜の煮もの、お浸し、お吸い物……それらのものは熟成された塩分によって味付けされる醤油があってこそ美味しく味わえるのです。

醤油は、煮ものに適した濃口、つけ醤油として使うもの、料理を美しく仕上げる薄口、卵料理などに使う白醤油と、それぞれの料理に合わせて使います。日本の料理の基本となる醤油をいろいろと使いこなすことを考えると、もっと美味しい料理を楽しめるのではないでしょうか。

しかし、本格的な醤油造りをする蔵人が年々減ってきています。醸造技術により発酵させて、伝統的手法で造られる美味しい醤油は、地域によって、また作る職人、その蔵に棲む菌によってそのまろやかでコクのある味は微妙に異なっていました。それがいつの頃からか、醤油組合で造った醤油を使って火入れして仕上げるという方式に変わってしまいました。

作り手の職人によって変わるべきものが、どの醤油も同じ味という……なんと味気ないことでしょう。職人が手間暇かけて造る、まるで蔵に棲む菌の神様が宿っているような味わいの醤油が少なくなってきました。そんな現状のなかで、昔ながらの製法での醤油造りを復活させた若い職人がいます。「ミツル醤油」の城慶典さんです。

福岡県糸島市二丈町の醤油蔵「ミツル醤油」の城慶典さんは、今業界で注目されている若き造り手の一人です。「ミツル醤油」は、40年前に自社醸造をやめ、協業工場から醤油を購入し独自の味付けと火入れをする方式に転換しました。城さんは、高校生の頃、自社での醤油醸造をいつか復活させたいと決意。東京農業大学醸造学科に進み、長期の休みには、各地の醤油蔵に泊まりこみ、醤油造りを学んできました。

そして２０１０年から、昔ながらの醤油仕込みの復活にチャレンジ。しかし醸造には、道具や場所など大変な費用がかかります。醤油造りは、蔵によって、麹づくり、温度管理、諸味《もろみ》を撹拌する頻度などが微妙に違います。それぞれの蔵では、それぞれのやり方を伝承していく。城さんも自分でその土地に合ったやり方を編み出していくしかないのです。そんな中で奮闘の末、ついに2010年に、初めて仕込んだ醤油が2013年に初搾りを迎え、長年の夢だった本格醤油造りの復活を果たすことができました。完成された濃口醤油「生成《きな》り、」は賞賛の声を集めました。

昔ながらの製法でゆっくりと時間をかけて造る醤油は「その家に棲む菌がつくる」と言われています。それは、諸味と対話しながら、じっくりと時間をかけて造っていきます。自然の力で育まれた醤油には凝縮された味わいがあります。素材を引き立ててくれる醤油だからこそ、手間暇をかけて大切に造られたものを選んでほしいものです。

健康を支える
家庭の味噌汁

冬の朝は、油揚げに大根や里芋、具だくさんの熱々の味噌汁、または豆腐や油揚げと葱だけのシンプルな味噌汁。体のすみずみまで滋味がゆきわたるような美味しさです。また、土鍋のふちに味噌を土手のように張り付ける牡蠣の土手鍋は、冬のご馳走。春は、貝やワカメと合わせた葱のヌタは辛子酢味噌でいただきます。まるで体に新しい春の息吹を吹き込むよう。また、蕗などの山菜の味噌漬けも、酒の肴にぴったりです。そして夏はナスの田楽、秋は鯖の味噌煮や、魚の味噌漬け。味噌は、季節の訪れとともにさまざまな素材に寄り添って、私たちに美味と滋養をたっぷり与えてくれているのです。

味噌は、昔から栄養源であり、調味料であり、香辛料であり、そのうえ大切な保存食でした。江戸時代のことわざにあるのが「医者に金を払うより味噌屋に払え」。味噌は健康のために欠かせないものとして多くの家庭では手作りして、わが家の味として朝夕に食べていました。それぞれの家庭の経験に基づいて、それこそ「手前みそ」の家々の自慢の味を造っていたのです。

その歴史は飛鳥時代にまでさかのぼり、古代中国の醤を根源としていると考えられています。その後、日本で独自の製法によって造られるようになり、現在の味噌が完成しました。

味噌は、地方色の強い食品です。中部地方では大豆だけを原料とした味噌、九州・四国西部・山口県瀬戸内側では麦味噌、その他は米味噌で、麦味噌のなかでも色の違い、米味噌のなかでも甘口、辛口などの違いがあります。西の白味噌から、愛知県岡崎の八丁味噌まで、それぞれの地域や家々で好みが異なる味噌の味ですが、ここで紹介したいのは、福岡県柳川の「鶴味噌」。

水郷・柳川を巡る川下りコース沿いに、堀割に映える赤レンガ造りの建物が連なる「並倉」。柳川の観光名所「並倉」が、創業明治3（1870）年の「鶴味噌醸造」の建物です。明治維新さなかに開業し、味噌一筋140年以上、丹精込めて造られるオリジナルの味噌。この「並倉」は、今も熟成庫として現役で働いています。

大豆、うるち米、裸麦とどれも厳選した原料に、国内産の塩を加え「並倉」で3カ月間熟成。並倉に棲む菌が、えも言われぬ美味しい味噌を造り上げるのです。鶴味噌醸造の初代定番は、米麹をふんだんに使った甘口白系米味噌で、懐かしい柳川の味として親しまれました。最近では、米麹と麦麹を合わせた「白秋合わせ味噌」が定番となっています。

静かな柳川の風景、ゆっくりと流れる時間……大地の恵みと豊かな自然に育てられた素材を吟味し、伝統ある倉で丹精込めて造られた味噌。深い味わいと風味が感じられます。

先人の知恵、味噌のある食卓をこれからも守っていきたいものです。

世界に誇る
日本のだし

ユネスコ無形文化財に登録された「和食」。季節ごとの旬の味覚を一幅の絵のように表現する日本料理の秀美を思うとき、その最たるものが懐石料理の「椀盛」（煮物椀ともいう）。茶の懐石のうちでいちばんのご馳走で、季節感、味つけに亭主がもっとも心をこめる一品です。季節の海山のものを取り合わせた美しい具。四季の感覚を敏感に汲みとり、自然の移ろいに幸せをみいだし、料理に込める。そのセンスの良さ。それ以上に感動があり、それを引き立てるのが、清汁仕立ての控えめなだしの美味しさ。だし汁は昆布と鰹の一番だしです。控えめでありながら、薄っぺらでない清汁の味加減。あ〜、おだしの美味しいこと……。しみじみと、すんなりとお腹におさまります。

日本料理の上品な美味しさを支えているのが、食材の味を引き出す昆布と鰹節でとるだしの旨味です。そしてそのだしの味を支えているのが、昆布や鰹節を丹念に作る職人さんたちなのです。

鰹節は、カツオを解体し、おろしたものを「節」と呼ばれる舟型に整形してから、ゆで、干して、カビを付けることで水分を抜きながら熟成させるという気が遠くなるほどの工程を繰り返して仕上げていきます。手間暇かけてカビを生やした枯節には、旨味成分やビタミン類が多く含まれ高級品となっているのです。

その鰹節は、削りたてがいちばん美味しいものです。昔から料亭では「鰹節は客の顔を見てから削れ」と言われてきたのもそのためです。しゅっしゅっと削ると、いい香りが漂います。

鰹節の旨みは主にイノシン酸と言われる成分です。イノシン酸は、かつおの体内にあるＡＴＰという物質が酵素によって分解されたものです。ＡＴＰとは細胞内でエネルギーを貯蔵する物質であり、高速で泳ぎ続けるかつおには、エネルギー源となるＡＴＰが大量に含まれています。つまり、鰹節にはたくさんの良さが含まれていることになるのです。

一方、昆布の旨みは、グルタミン酸。昆布のグルタミン酸は、イノシン酸と合わせて食べると「うまみの相乗効果」により、飛躍的に美味しく感じられるようになります。だから、鰹節と昆布、この2つを用いることで片方だけでだしをとるよりも、より美味しさが増すのです。

現在、市場に出回っている昆布のほとんどは北海道産です。養殖ものが多く、天然ものは少なくなってきました。しかし、濃厚で味わい深いだしが取れるのは、やはり天然ものです。

また、昆布の採取から出荷まで、その繊細な旨味を管理するのも職人の技なのです。日本の料理の美味しさの基本となる、上品でやさしいだしを作るための昆布と鰹節。それに関わる職人さんの技術を継承してもらいたいものです。そして、私たちも鰹節を削って、ゆっくりだしをとる……そんな日々の豊かな時間を大切にしたいですね。

職人の手仕事で生まれる芳醇な酒

美味しい料理の味をさらに美味しく引き立ててくれる酒だから、そのときどきの料理の雰囲気や体調などに合わせて、真剣に選ぶのも料理を楽しむために大切ですね。

料理と一緒に楽しむ酒も人生においての大きな喜びですが、酒だけで楽しむ「ウイスキー」を人生の友にすることをおすすめしたいと思います。

愛用の椅子に身を沈め、ひとり静かに過ごす夜のひととき。好きな本を持ちだして読書に耽りながら、またジャズやクラシックに耳を傾けながら味わうウイスキー。口のなかに広がるスモーキーな香り。ときどき夜の静寂を破るようなグラスの氷のカランという音……。

味わい深いシングルモルトのスコッチ・ウイスキーも、最近なかなか本物が味わえなくなりました。「ザ・マッカラン」は、シングルモルトのロールスロイスとまでいわれるシングルモルトの最高峰。樽の中で何年もかけて熟成させ、馥郁とした香り、重厚な味わいが魅力です。吉田茂の側近として官僚を務め、英国仕込みのお洒落と目利きで知られる白洲次郎が日本に初めて輸入し、愛したお酒もこの「ザ・マッカラン」。

しかし、このマッカランも職人が少なくなったため、本物の味を楽しめる機会が随分と減ってしまいました。福岡の中洲にある老舗のバー「ケルン」のバーテンダー・板東さんは「今のマッカランと30年前のマッカランとは明らかに違う」と言います。本物を味わいたいなら、コレクターから手に入れるしかありません。たまには沈没船から出てくるものもあるそうです。

ＮＨＫの朝ドラ「マッサン」のモデルとなっている竹鶴政孝が初めて日本で造ったとされるシングルモルトウイスキー。原料の麦芽と水を仕込み発酵させ、蒸留してできた液を熟成。樽の中で長時間じっくり寝かせます。そして3年、5年、10年。ウイスキーの琥珀色、奥深い味わいの秘密は、この貯蔵、すなわち樽熟成にあります。職人がその勘と腕で仕上げ、樽のなかで何年も静かに熟成させたことで生まれる琥珀色の液体。それは決して機械ではできない職人の手仕事なのです。これからも、美味しいお酒を造ってくれる職人の手仕事を大切にしたいものです。しかし、残念なことに今では、そのような製法では作られなくなりましたが……。

一人の夜には、美味しい酒とともに自分のこれまで、そしてこれからの人生に思いを馳せる、また時には友と心から語り合うひととき……そんな豊かな時間を持ちたいものです。

第三章 食卓を豊かにする道具

美味しい料理に
ふさわしい器

器は、料理を引き立ててくれるもの。ご飯茶碗ひとつにもこだわりたいものです。食卓にさわやかな初夏の訪れを告げるグリーンピースご飯は白磁の茶碗、深まる秋を感じながらいただく炊き込みご飯は、手触りも温かい土ものの茶碗が似合います。真冬の熱々ふろふき大根には、ぽってりとした土もの、真っ白な大根の甘酢漬けはガラスの器で美しく……と、決して高級品を使わなくても、ほんの少しの心がけで、食卓が素敵になります。

美食家の延長で、使用する一切の器を手作りするようになった北大路魯山人も、「おいしい食物はそれにふさわしい美しさのある食器を選ぶべきだ」と言っています。

料理に心を込めるなら、その料理を載せる器も心を込めて大切に選んでいただきたいもの。できるなら、手ろくろで一つひとつ手作りする作家ものの器を選びましょう。その器には、陶芸家が、料理を載せるときのことを思い浮かべながら丹精込めてつくった器ならではの味わいがあるからです。できることなら、窯元に足を運び、作家さんの想いを聞きながら、ゆっくりと選んでください。

みごとな絵付けの磁器が中心の九谷焼、桃山時代から江戸時代にかけて、志野、黄瀬戸などの茶人好みの名品が生まれた美濃焼、独特の粘りのある土に釉をかけずに高温で長時間ひたすら焼き締めるだけというシンプルだけど土色が美しい備前焼、そして味わい深い茶陶の産地として知られる萩焼……日本全国にはさまざまな窯があり、それぞれに伝統的な技法があります。ぐい呑などで、さまざまな窯のものを集めてみるのも楽しそうです。九州なら、有田をはじめ小石原、唐津、上野《あがの》などがあります。地元の土で作った器で、地元の食材をいただく……そんな食卓はとても豊かだと思います。

私の食器棚にはいつも自然に選んでしまう、お気に入りの器があります。鹿谷敏文さんの器です。ふっくらと丸みを帯びた白磁。有田焼の陶芸家、中村清六さん（佐賀県重要無形文化財保持者）に弟子入りして学んだ鹿谷さんの美しい白磁は、和洋問わずどんな料理にもぴったりと馴染み、目に美しく、そして料理を美味しく楽しませてくれます。白磁は完全に形だけでの勝負なので、ごまかしがきかない。フォルムの美しさ、持ったときの手触りがなんとも温かいのです。飯碗なら、掌の大きさによってぴったりとくるサイズがあります。それを選ぶのも楽しい。まさに「用の美」を感じられる作品なのです。

有田は、日本の磁器発祥の地であり、明治期の有田焼は、ヨーロッパを中心に開催された万国博覧会で名声を得て以来、ヨーロッパの窯元にも大きな影響を与えています。その多彩な技術は名窯に脈々と息づき、伝統を守りながらも、新しい作品に取り組む若い作家の作品と出合えるのも楽しいものです。

美味しさを
引き出す
伊賀焼きの土鍋

お茶碗によそってもらったご飯。一粒一粒がふっくらとして、真っ白でつやつか。見た目もですが、ご飯特有の風味のある匂いも食欲を刺激します。やわらかく、もちもちとした弾力のある触覚で、噛むほどに口の中に甘さと風味が広がります。と、想像しただけでも、ご飯が食べたくなるという人もいるのではないでしょうか。

ご飯は、毎日食べるものだから、美味しさにこだわりたいですね。お米の銘柄にこだわるより、ちょっと炊き方にこだわってみてはいかがでしょう。

土鍋で炊いたご飯を料理の締めに出してくれる料理屋さんがあります。ふっくらもっちり……そのご飯の美味しさは格別です。「あ～美味しかった」と、その日いただいた料理の余韻が楽しめます。じっくりと熱が伝わる土鍋でご飯を炊くと、普通の鍋や炊飯器で炊いたご飯とは一味も二味も違います。

家で食べるご飯も一度土鍋で炊いてみてください。お米の美味しさが実感できますよ。

土鍋の産地として知られている一つに「伊賀焼」があります。かつて、琵琶湖の底だったという三重県伊賀。その地層から採れる陶土を使って焼かれた伊賀焼は、独特のどっしりと頼もしい雰囲気をもち、奈良時代から伊賀を焼き物の里として名高いものにしています。

その中でおすすめする土鍋は、「土楽窯」七代目の福森雅武さんによって生み出された黒鍋。これは、卓越した審美眼で知られる随筆家の白洲正子さんもお気に入りだったそうです。

職人の手によって一つひとつろくろでかたちづけられ、釉薬をかけて焼かれた土鍋は、耐火度が高く、細かな気泡のある素地により土鍋自体が熱を蓄えるため、食材の旨味を存分に引きだし、料理をより一層おいしくさせてくれます。そして、その佇まいは、食卓にぬくもりを添えてくれます。


土鍋でご飯を炊き始めると、家族の好きな筍ご飯、牡蠣ご飯、栗ご飯、グリーンピースご飯と、どんどんいろんな種類のほっこり炊き込みご飯に挑戦したくなります。蓋を開けたとたんに、いい香りの湯気がふわりと漂い、「今日は何ご飯？」と、みんなの笑顔が広がる……そんな楽しい食卓をどうぞ。

またこの黒鍋は、ステーキを焼いても最高！　ゆっくりと熱が伝わる特性が、中はふっくらとジューシー、外はパリッと芳ばしく焼き上げてくれます。これは絶対におすすめ！　ぜひ試してみてください。

ほかにもすき焼きやしゃぶしゃぶなど、あらゆる鍋料理はもちろん、煮たり、炒めたり、蒸したりとなんでもできて、パエリアやパンまで作れてしまうすごい土鍋のポテンシャル。レシピ本もいっぱいありますから、その秘められた威力を応用して、ぜひあなたの料理の腕前をアップさせましょう。

ご飯を
美味しく冷ます
秋田杉のお櫃

「シンプルな塩おにぎりの美味しさに感動した」。そんな経験はありませんか。冷めたお米が意外に美味しい！　それは、ご飯は冷えるとお米のもつ甘さが増すからです。土鍋で炊いたご飯（先述）と同じくらいの感動があるのが、お櫃で冷ましたご飯の美味しさです。

秋田杉の曲げわっぱで知られる「柴田慶信商店」は、「お櫃はご飯を美味しく冷ます道具です」と言われます。ご飯は炊飯器に入れっぱなしにして保温しておくと、蒸気で水滴が落ちて味や食感が落ちます。炊きあがりの美味しいご飯をキープするには、ご飯の水分をコントロールすることが必要です。

樹齢約150年以上の秋田杉で作る「柴田慶信商店」の曲げわっぱのお櫃には、不思議な力があります。天然秋田杉の柾目を使い、お湯に入れて曲げ、山桜の皮で綴る曲げわっぱのお櫃は、ご飯の余分な水分をほどよく吸収してくれます。だから冷めても、炊きたてのようなモチモチとした甘味や旨みをそのままに、美味しく食べられるわけです。旅の宿で出されたお櫃のご飯が美味しくて、いつもになくおかわりをしてしまう。これは旅の楽しさのせいだけではないようです。

また、柴田さんのお櫃を開けるとふんわりと立ちのぼる杉の香り……。お茶碗によそわれたご飯を口に運ぶ瞬間にも杉の香りが楽しめる贅沢。そして嚙み締めたお米の美味しいこと。だからお櫃に移したご飯を一度食べると、もうやめられなくなってしまいます。しかも杉の殺菌効果でご飯が傷みにくくなるというおまけ付き。

しかも柴田さんの曲げわっぱは、底の部分が丸くなっているので、手入れもしやすくなっています。白木のお櫃を使うときには、その都度、水を張り、内側の表面に水が行き届いてから水を捨て、乾いた布で軽く拭き取ってから使ってください。水の膜をつくることで、ご飯のこびりつきなどを防ぎます。

白木の曲げわっぱのお櫃から、ご飯をよそう。それだけで暮らしは十分贅沢……、豊かなのです。

また、今、マイ弁当がちょっとしたブームのなかで、おすすめしたいのが白木の曲げわっぱの弁当箱。見た目もおしゃれで機能的。そんなところが外国人の目を引いたらしく、海外からも注目が集まっています。

お昼に、蓋を開けた瞬間にやさしい杉の香り。お米本来の甘味、旨味を噛みしめると、冷ご飯がこんなにおいしかったのかと、ちょっとした感動を覚えます。

シンプルでかわいいカタチの曲げわっぱは、きっと毎日のお弁当作りを楽しくしてくれるに違いありません。

使い込んだ道具だけが出せる味

代々受け継がれ使われ続けてきた道具には、まるでいい味を作り出す魔法がかかっているようです。それをいちばん強く感じるのが、永年使い込まれたフライパンです。油や醤油などの調味料、食材の味が染み込んで、とても真似の出来ない味を作り出しているのです。いい道具は使えば使うほどいい味が出せるようになり、使い込むほどに手になじむのです。そして表面の加工がすぐに剝げてしまう今どきのフライパンとは違って、長く使ってゆくことができるのです。

おすすめしたいのは、東京、浅草合羽橋にある明治41年創業「釜浅商店」の鉄鍋とフライパンです。「良い道具には良い理がある」を信念に、100年以上、料理人や道具と向き合っている道具店です。「良い道具は現代の使いやすく加工された道具とは違い、少し手間がかかりますが、永く付き合っていける普遍的なかたちがあります」と語るこの店は、永く付き合える道具を紹介してくれるだけでなく、その道具に寄り添い修理もきちんとしてくれます。

釜浅商店オリジナルフライパンは、鉄打ち出しフライパン。打ち出す（数千回叩いて作る）ことで、鉄の中にある空気を外に出し、強度が増し、軽くて強い鉄ができるのです。また、打ち出すことで鉄の分子が細かくなり、熱の伝わりが良くなり、表面に細かい凸凹ができ油がよくなじむため、焦げつきにくい鉄に仕上がるのです。だからパリッと焦げ目がつくのに焦げにくい……そんな一見矛盾した技が生まれるのです。鉄と食の素材とのいい関係を支えているのは、ここでも職人の熟練した技術なのですね。

代々永く使い込むことで、その家庭の味を作り出す、そんないい道具を大切にしたい。そのためにいい道具を作ってくれる昔ながらの職人の技を大切にしたいのです。

一見、お手入れが面倒そうな鉄鍋やフライパンですが、覚えてしまえばとても簡単。サビをつけないために、水気を残すことも、洗剤で洗うことも厳禁です。使用後はお湯とタワシで洗い、軽く火にかけて水気をとばし、キッチンペーパーか布巾で軽く拭き取るだけで十分です。
大切にしたいのは、使えば使うほど価値のでてくる料理道具だということです。

一生ものの包丁

「刺身は包丁の入れ方しだい」と言われます。どんな高価で新鮮な素材でも包丁の入れ方、切れ味で美味しさが格段と違ってくるのです。鯛など白身の魚は特に包丁の入れ方しだいで食感も旨みも全く別ものになってしまいます。

世界のシェフが日本の包丁を認めているといわれるのには理由があります。それは「切れ味」の違い。刀文化を持つ日本には、包丁づくりの工程ごとにすぐれた職人が存在し、その技術が高く評価されているからです。

京都の台所・錦市場商店街にある「有次《ありつぐ》」は、海外の料理人たちも憧れる包丁の老舗。京料理の美味しさを支える料理包丁をはじめ、鍋やおろし金などの料理道具を取り扱っている専門店です。長い歴史のなかで、京料理の料理人たちが「一生もの」の道具として愛用してゆく名品がこの店から生まれました。

永禄3（1560）年に京都堺町松原の鍛冶屋町に刀鍛冶・藤原有

次として創業。京都御所御用鍛冶として出入りを許されていました。明治時代になり帯刀が禁じられてからは、その優れた技は包丁造りに活かされました。そして明治40年頃からは打ち出しの技による鍋をはじめとする料理道具の製作にも打ち込み、錦市場に店を出したのは、昭和56（1981）年。創業した堺町松原には、現在本社があります。

「一生もの」と言われる上質の品は、値段も高価でなかなか手がでないものですが、高いからこそ、手入れして永く愛用したいもの。手入れにも手間暇かけて丁寧に暮らす日々にこそ、われわれが目指す豊かさがあるのではないでしょうか。

出刃包丁、柳刃包丁、薄刃包丁、牛刀、ペティナイフ……と用途や、大きさ、利き腕などによって実にさまざまな種類があります。良い道具には、長い間に培われた永く付き合っていける、普遍的なカタチというものがあり、どれもシンプルで無駄のない機能美を備えたデザインなのです。プロの料理人が愛用する品々らしい凛とした道具の佇まいが素敵です。プロの包丁だけでなく、使いやすい家庭用のものもあるので相談するとよいでしょう。

料理人が一本の包丁を生涯大切にするように、少し高価でも一生ものの「マイ包丁」を持ち、大切にメンテナンスしながら美味しい料理を作る喜びを味わっていただきたいものです。「有次」で購入した包丁は、その場で仕上げの「研ぎ」をしてくれます。自分の名前を入れたければ彫ってくれます。名前入りもちょっといいですね。

また、切れ味が悪くなったら、持参すれば研いでくれます。また、長い間使って柄の部分が傷んだら、修理もしてくれます。だから、「一生もの」として永く愛用していくことができるのです。

ぴたっとくる
蓋の感触、
美しい茶筒

本当に使いやすく、永く使いたくなる道具のひとつにあげたいものがここにもあります。新潟県燕市の職人が作る銅の茶筒です。江戸時代中期に、一枚の銅板を繰り返し打ちのばして花器や茶筒を産み出す技術を職人が競い合っていました。お殿様に献上する品を丁寧に作り上げた昔ながらの職人仕事を今に繋げている、その茶筒です。燕市は、古くからの農村地帯。そこは日本を代表する金属工業の集積地です。田園風景のなかに家族を中心とした工場が点在して日本トップクラスの製品を作り続けています。そこには今も、昔ながらのものづくりにこだわる、つくり手の真剣なまなざしが健在なのです。

新潟県燕市の「新光金属」が造る株式会社東屋オリジナルの精度の高い銅製の茶筒は、側面に継ぎ目のない美しい茶筒です。昔は手作業で造られていましたが、今では機械で押し出して成型します。もちろん機械を使って製造するにしてもそこには職人さんの技術が必要です。継目がないので蓋がピタリと閉まります。外の蓋を開けると真鍮のツマミが付いた内蓋が現れます。この内蓋もぴったり。とても密着性が高いので、湿気を防ぎ、茶葉の質と香りを保ってくれます。また蓋を開けた瞬間にいい香りが楽しめます。

蓋を茶筒の口に合わせると、蓋が缶の中の空気を押し出しながら自然にスーッとゆっくりと落ちてゆきます。蓋が閉まってゆく様子をじっと見ているのも、職人の誠実で確かな仕事ぶりが感じられ楽しいひとときです。手に取ったときの、ずっしりとした風格も、作り手の技へのこだわりや思いが伝わってきます。

色は2色。シルバー色と、銅本来の色でどちらも銅製品です。シルバーの方は、銅に錫めっきが施されています。もうひとつは、銅本来の色を活かしたろう塗り仕上げ。銅の色はじっくりと時間をかけて変化し、使いはじめの銅ならではのきれいな赤金色から深みのある飴色へと、使い込むほどに新たな味わいのある表情を見せ、色の変化が楽しめます。使えば使うほど味わい深く「マイ茶筒」という風情が出てくるのも特徴です。使っていて本当にいいものを使っているという実感がわいてくることでしょう。
密着性の高い茶筒は、日本茶だけでなくコーヒーや紅茶、また海苔などの湿気を嫌うもの何にでも利用すれば、いつまでも新鮮で美味しい味を保存できます。サイズは大・中・小の3種類。食器棚に置いてあるだけで素敵な雰囲気が生まれます。

忙しい日々の暮らしのなかで、ほっと和む「お茶時間」。それは、精神を落ち着かせ、気分をリフレッシュできる大切な時間です。そんなときに、ちょっと道具にこだわるだけで、お茶が見違えるように美味しくなり、お茶時間がいっそう心豊かに過ごせますね。

昔ながらの職人の手仕事を今も継承してゆく地域の産業。そんなものを大切にする心を持ち続けたいですね。

使い込むほどに
味がでる
木杓子

熱々の鍋料理や、うどんなどの汁料理に添えられる木杓子。アルミや鉄の杓子とはちがって木の手触りも温かく手になじみ、口あたりもやさしく……。温かい料理の味がより一層美味しく感じられますね。

五条市の山中深くに位置する大塔《おおとう》町で、昔ながらに作られている木杓子は、手になじむ使い心地と、素朴な形のよさで全国に多くのファンをもっています。

戦前までは、この地域の伝統工芸品として、村で育てられた栗の木を削って地区の誰もが農家の副業として作っていましたが、今でもなお、この地区で作り続けているのは新子《あたらし》光さんだけです。光さんに木杓子作りを教えたのは、祖父・薫さんで、薫さんが引退した今は、光さんが唯一の職人となってしまいました。祖父から受け継がれた日本の手仕事の技がここ静かな山里にひっそりと息づいているのです。

光さんが作る木杓子の材料は、樹齢70年ほどの栗の木。栗の木は、生木のときは加工しやすく、乾燥させると軽くなり、水に強く丈夫だからです。一本一本手作りで、ざっくりと削られた木肌は、何とも言えない味わいがあります。天然木を使い、手作業で行われるため、それぞれ形が異なり、二つと同じものはありません。杓子は使い込むほどに黒く変色して渋い色合いとなってゆき、やがて黒く光る古い大黒柱のような味わい深い色味になります。そして大切に使えば100年もつものです。

日本全国に木杓子を作る地域はまだ多くありますが、型を使わず、大ナタをふるう生木からはじめて、一気に仕上げていくやり方は、この地区伝統のもの。一日に仕上がるのはわずか5～10本だそうです。

一度は就職でふる里を離れた光さんは、「この地域の伝統を途絶えさせてはいけない」とふる里に帰ってきました。祖父と二人暮らしをするなかで、時間を見つけては木杓子作りに取り組んだといいます。

しかし、時代の流れで光さんはこの仕事を続けることができなくなり、今ではまた、他の仕事に就かざるをえなくなりました。

日本のいいものがどんどん無くなっていってしまうと感じる日々のなか、昔から大切に守られてきて、地域に根付いた伝統工芸品の火を消してしまうのはとても残念なことに思えてなりません。

第四章　愛される暮らしの道具

ちぢれた穂先、
こだわり箒

ときには、昔ながらのホウキとチリトリを使った掃除をしませんか。濡れた古新聞をちぎって部屋に撒き、ホウキで掃きながら新聞紙を集めると。ホコリが濡れた新聞紙にくっついて部屋はきれいになるというシンプルな掃除法。これは、昔ながらの知恵で、なかなかいい考えだと思うのですが。

日本において最古の箒《ほうき》は、古墳時代の中期（5世紀後半）のものと言われ、掃除道具として使用したかどうかは不明です。また、奈良時代における箒は、祭祀用の道具として用いられ宗教的な意味があったと言われます。そのように神聖な道具として使われてきた箒には昔から神が宿るとされ、民間信仰を集めてきました。

掃除をするという行為は、汚いものを片付ける、「心を清くする」という精神修行のような意味もあります。掃除にはさまざまな効果があるといわれます。「心がスッキリする」「頭がクリアになる」「集中力が増す」「やる気が出る」などなど。掃除をした後の爽快感を思い出してみると、どれも納得がいきます。
しかし、掃除機が日本中に広まって、昔ながらのシンプルな掃除道具は次第に家庭から姿を消しました。今や、家庭でも掃除ロボットに掃除させるという……そんな時代になってしまいました。文明の力は、生活を便利にしてくれて大変良い面もありますが、大切な「心」の部分を見失っていくことにもなります。

道具にこだわる私が人にすすめたくなる箒は、高倉工芸の「南部箒」。南部箒の特徴である「ちぢれ」により衣類やカーペットに絡みついた髪の毛やホコリなどをしっかりと絡め取ることができます。岩手県九戸の風土で育った箒草。肥沃な大地で箒草は、穂先にたっぷりとちぢれを作りながら、ゆっくりと育っていきます。春、雪が消えるころから始まる土作り、お盆を過ぎる頃やっと収穫です。刈り取られた箒草は、ベテランの職人さんの目と手でしっかり選別。選別された素材は、穂先を束ね、絹糸で一本一本編み込まれます。この編み込みの目がとても小さくて難しく、この道一筋、熟練された職人の技術で仕上げられるのです。

長柄箒、片手箒、巴箒、和洋服はけ、パソコンのキーボードなどに便利なミニ箒など、アイテムは60種類以上。なかには3年以上もかけて仕上げる最高級品もあります。正絹の着物も、ビロードも、カシミアも、生地を傷めることなくきれいにホコリを取ります。

大切なものを保管する茶箱

お茶の輸送と保存のために使われる茶箱や、掛け軸や骨董品などを保管する桐箱が、今、収納の道具として注目されています。呼吸する木箱は、大切なものの保管に最も適しているからです。収納にたいへん適しているというだけでなく、味わいのある木箱の美しい木目の風情が素敵だということで、クローゼットや押入れにしまいこむのはもったいないと、リビングなどに置いてインテリアとして使うケースも最近はよくみられます。

茶箱や桐箱に収めるというのは、昔からの伝統的な日本人の保管術です。湿気の多い日本の風土のなかでは、いいものを大切に保管する道具として、それぞれの家庭で使われていました。かつて近世の日本で用いられた民具のひとつに「長持」があります。衣類や寝具の収納に使用された長方形の木箱で、代表的な嫁入り道具の一つでもありました。だから、なんとなく懐かしいような気分になります。また、杉板のシンプルであたたかみのある風合いもとても素敵です。

茶箱は、箱の内側に外部の湿気や匂いを防ぐために、亜鉛板を隙間なく張り、外部の節目にも和紙が張ってあります。その優れた防湿性・防虫性は、着物などの高価な衣類や、カメラなどの精密機械、雛人形など、長く保管したい大切なものを入れておくのに適しています。桐箱も同様に、軽くて湿気を通さないため、乾燥や湿気に弱いものを保管するのに向いています。

茶箱や桐箱は、専門に作る職人さんもいて、職人さんの手で一つひとつ丁寧に作られています。時代の流れとともに職人さんが少なくなってきて、今や貴重品になってきました。新品の木箱はきれいな木目をしていて、これが年月を減ることで色や手触りの味わいが変わっていき、その過程も楽しみのひとつです。

サイズもミニサイズから大きなものまで。高さが半分のものは大切な着物の収納に適しています。キッチン周りの保存にも便利。防湿、防カビ、防腐性にすぐれているので、お茶やお米などの長期保存にぴったり。

今では安価に手に入るプラスチック製のものが多く使われていますが、やっぱり大切な物の保管には木製がいちばんです。

経年の色合いの変化を楽しみながら何十年も使うことができ、大切なものを保管しながら、代々受け継がれる……そんな収納箱をもちませんか。

必要なもの、大事なものは大切に機能性の高い箱に入れて保管する。必要でないものは捨てて、決してしまい込まない。それがスッキリと暮らすための、賢い収納術ではないでしょうか。

家の中心は
ダイニングの
テーブル

いまどきの家庭では家族とのコミュニケーションの場はダイニングではありませんか？　昔は、囲炉裏端であり、居間のちゃぶ台のような役目をする場所に家族の触れ合いの場がありました。そこは、お父さんが座る場所、お母さんが座る場所というように、それぞれの座る場所も決まっていて、両親から叱られたり、誉められたりと、家族みんなの会話が弾む温かな空間でした。その頃のちゃぶ台の代わりをするのがダイニングテーブルです。

家族みんなで食卓を囲んだり、お茶を楽しんだりするテーブル。家族はそこに集まって、今日あったことなどを楽しく語らいます。そこは子どもたちが大きくなった後も、だれもが覚えている、家族と触れ合った思い出の場所となるところです。将来、子どもたちが家を離れても、ずっと心に残る大切な場所だからこそ、ちょっと奮発しても永く使える、素敵なダイニングテーブルを置きたいですね。

家族と一緒に過ごすダイニングテーブルは大きくて存在感があり、みんなで囲めるどっしりとしたものであってほしいと思います。素材は何がいいでしょう。永年家族に愛されるテーブルなら、できれば家族の成長の跡が刻まれる木のものを選びたい。温かい手触り、木目の美しい無垢のテーブルは、年月を経てきれいな飴色に変わり、キズができてもそれはそれで味わいがあり、趣を増していきます。キズや色の変化は、テーブルを囲んだ家族の歴史でもあるのですから、何年経っても愛着がわくものです。

大きなテーブルは、大勢で使えるだけでなく、多目的に使うことができます。布を広げて手芸をしたり、ケーキ作りの作業台になったりと大活躍することでしょう。また子どもたちは勉強を、父や母はノートパソコンで情報収集したり、読書したりと、家族それぞれが同時にそれぞれの目的で使えるのが何よりの魅力なのです。

近頃は、友人の訪問も、ダイニングテーブルでおもてなしすることが多くなりました。大きいテーブルなら花や観葉植物なども飾って、家でゆっくり友人と居心地の良いカフェ気分を楽しむことができます。テーブルは、丸型なら友人の人数が増えても席を増やすことも簡単。家族や仲間と一緒に温かい鍋や大皿料理を囲むのにも便利です。

家族のコミュニケーションの場所はダイニングルームであり、家の中心は大きなダイニングテーブル。永年使いこなされた大きなテーブルに深い味わいがあるのは、家族の過ごした日々の思い出がいっぱい詰まっているからでしょう。

価値ある
自分の椅子

日本の椅子の文化は日が浅いのですが、日本人の現代の生活において、椅子は今や必要不可欠なものとなっています。椅子の機能性や美しさにおいて、世界的に最も進んだ国といわれるのは北欧です。

北欧には、有名なデザイナーと、それを作る職人さんがいます。その代表的なものが「PP Mobler（モブラー）社」。高品質デザイン家具を製造する家具工房です。

始まりは1953年、デンマークの家具職人の兄弟アイナー・ペダーセンとラース・ペダーセンの小さな工房でした。二人の頭文字のPとPをとって名づけた工房を、今では世界中が憧れる名門工房へと成長させたのは、生涯で500種類以上の椅子をデザインしたハンス・J・ウェグナーと共同での作品づくりにあるといえるでしょう。ウェグナーは、2人のマイスターの持つ高い技術や、素材に対する妥協しない姿勢に強い感銘を受け、次々と作品を生み出していきました。

代表作「ザ・チェア」は、1960年ジョン・F・ケネディのアメリカ大統領選で使われたことでも知られています。デザイナーと職人が切磋琢磨して作り上げた名作であるこの技術や姿勢を日本はもっと学ぶべきではないでしょうか。

では、より上質で時代に左右されず、人々に永く愛され続ける椅子とはどんなものでしょうか。背あたり、アームの角度、手触りが心地よく、ゆったりとくつろげる椅子。浅くも座れるし、深くも座れる。職人さんがずっとメンテナンスもしてくれる。そんな椅子は、座る人の生活に溶け込み、その人生に永く愛され続ける逸品になるはずです。お父さんの椅子は、お父さんが亡くなっても、まだそこにいるような存在感があり、さまざまな思い出が甦ってくるでしょう。椅子にはそんな「力」があるのです。

今は安価なものがもてはやされる時代です。簡単に手に入る家具にすぐ飽きてしまい、どんどん使い捨てることの方が、どんなにか不経済であるか、そろそろ気がついてもよい頃ではないでしょうか。メンテナンスできて、ずっと永く使えるものを選ぶことが、長い人生においてより価値があると思います。

パーソナルチェアを持ちたいと思いませんか？　一人がけの、自分がくつろげる自分専用の椅子です。自分の椅子だったら、テレビを見たり、外の景色を見たり、庭を眺めたり……、好きなところに移動させて、くつろぐことができます。揺れるロッキングチェアもいいですね。冬の夜には暖炉の前にロッキングチェアを置き、揺れながら薪がぱちぱちとはぜる音を聴き、真っ赤な火をじっと見つめる……そんな静かで豊かな時間をくれるのも、愛用の椅子です。大切にしたい……孫の代まで遺せる椅子。

心地よさを
感じる照明

日本の照明に対する考え方は間違っていると思うのです。例えばこれは六畳用の照明ですよといって売られているのは、天井に高く吊るした照明。部屋中を照らして昼も夜もわからないくらい明るくしてしまいますが、これは決して豊かな照明とはいいません。

照明とは影を作るものだからです。光と影のメリハリのコントラストがあってはじめて部屋に表情が生まれ、落ち着いた雰囲気になるのです。もし、高級フレンチのレストランで、天井から蛍光灯が明るく輝いていたらどうでしょう。雰囲気がないだけでなく、料理も美味しそうに見えませんよね。料理を楽しむにはそれに見合った照明の仕方があるはずです。

また、本を読むにも本にスポットが当たる照明が必要です。頭の上から照らされたりしたらそれこそ本は陰になって読みにくくなります。全体を明るく照らした舞台照明はありません。その場で見てほしいところにスポットを当てる、そんな舞台照明の考え方を家の中にも取り入れてみましょう。料理を楽しむときには料理に、季節の花を楽しむときには花にスポットが当たるように。

北欧、デンマークのルイスポールセン社の「ＰＨ５」は、独特のカーブがある大きさの違った４枚シェードの組み合わせで眩しさのない明かりをつくるように設計されています。シェード全体が光を効果的に反射させることで、テーブル上をやさしく明るい光が包み込んでくれます。ＰＨとは、デザイナー、ポール・ヘニングセン（Poul Henningsen）の頭文字から、そして5は、シェードの直径が50センチあることから「ＰＨ５」と名付けられたそうです。ルイスポールセンの照明は、機能的であると同時に光のオブジェとして雰囲気も楽しめる照明なのです。

夜の長い季節もある北欧だからこそ、照明で夜を楽しむことが上手なのかもしれません。光で心地よさを感じる、やわらかく優しい灯りがテーブルをつつみ、外には優しい窓明かりが……。彼らが楽しむスタンドやキャンドルを使った雰囲気のある照明を、私たちも見習いたいものです。

実は、気づいてない人も多いかもしれませんが、インテリアの良し悪しを決めるのが照明です。照明の工夫ひとつでインテリアは劇的に変わります。ダウンライトや間接照明の配置によって、平たくて雰囲気のなかった部屋がガラリと変わることを実感していただきたいものです。照明ひとつで空間の美しさを楽しめる場所にできるのです。

大切にしたいのは、照明による空間の演出です。

ゆらゆらと
炎が揺れる
和の灯り

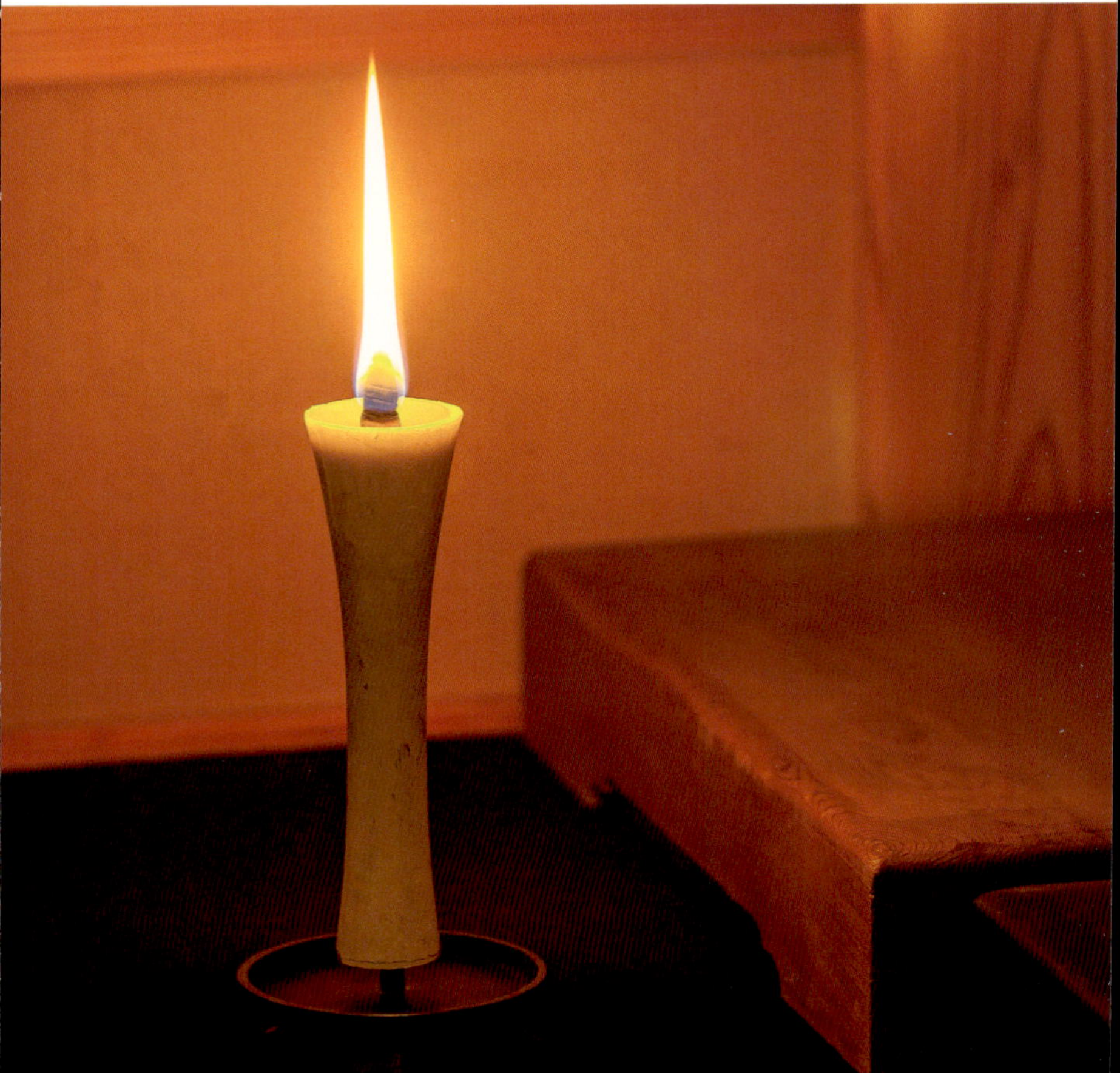

冬の茶室に小さな蠟燭《ろうそく》の灯りをともして楽しむ夜咄《よばなし》茶事。この茶事の趣をつくっているのは、やはり「灯火」によって演出される美の空間です。和蝋燭の灯りが静かに暗い茶室を照らし、灯火によってつくられる陰翳豊かな時間が、別空間の楽しみを与えてくれるのです。

茶事でなくても、蠟燭のゆらゆらと燃える炎を見つめるひとときは、心和むひととき……。その炎の神秘的な美しさに何もかも忘れて、ぼんやりと見入ってしまいます。和蝋燭は炎の立ち具合に独特の雰囲気があるので、能や狂言の舞台を彩る小物としても使われます。

日本の歴史の中で長く使われてきた「和蝋燭」。仏教伝来と共に、大陸より伝えられたと言われています。

和蝋燭が洋蝋燭に比べて火が強く長くもち、火の揺らぎが楽しめるには作り方に知恵と工夫があるからです。まず、西洋蠟燭の芯は糸ですが、和蝋燭の芯は、和紙を棒に巻きつけ蠟づけしたものが使用されています。棒に巻きつけることにより、芯が空洞になっており、絶えず空気を採り入れてゆれる炎が特長。空気がしっかり供給されるため、炎が大きく上にのび、そして長時間楽しめるのです。

芯には、和紙のほかに燈芯《とうすみ》を巻くことがあります。燈芯とは、イグサの花茎の髄のことです。和紙でできた芯は、蝋をしっかり吸い上げるので、蝋が垂れるのを防ぎますが、燈芯を使うことによってさらに蝋が垂れにくくなります。

福井市にある「小大黒屋商店」は、江戸時代、慶応元年に創業して以来、初代から数えて現在の六代目に至るまで百余年、純木蝋製和蝋燭を職人の手によって製造し続けている和蝋燭専門店です。創業当時から脈々と受け継がれてきた伝統の技術が今もなお高く評価され、曹洞宗大本山などさまざまな宗派の御用達の店としても知られています。

古来より日本の生活の場で使われてきた和蝋燭。今、またエコで楽しい「和の灯り」として生活の中に採り入れる人たちが増えてきました。和蝋燭が住空間に醸し出す美しい陰翳の世界を日常でも楽しみたいということでしょう。とても素敵ですね。

例えば、友人や家族と囲むディナーや、ディナーのあとのティータイム、またお酒を楽しむひとときなど、時には照明を消して和蠟燭の灯りを楽しんでみてはいかがでしょうか。ゆらゆらと燃える炎。その炎を見つめる時間は、きっとみんなの心を、静かにゆっくりとシアワセな気持ちで満たしていくことでしょう。

非日常の時間がもたらすひとときは優雅で、私たちをとても豊かな気分にしてくれます。

便利で小粋な
手ぬぐい

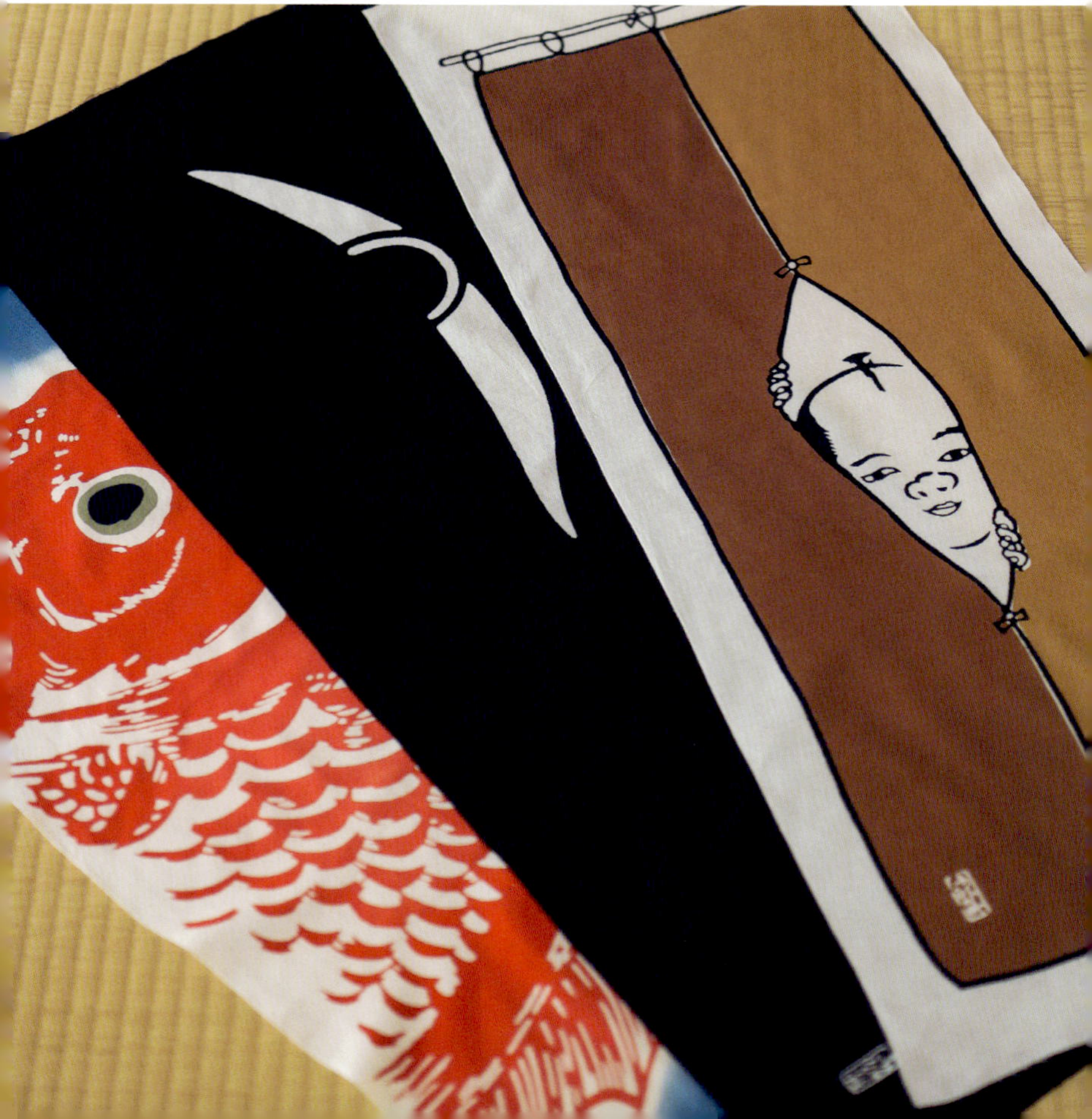

手ぬぐいは、様々な使い方ができる日本古来の便利なアイテムです。タオルのように顔や手を拭くだけでなく、キッチンの布巾、お弁当包み、かわいい雑巾、また頭に被って日除けに……その使い勝手の便利さとおしゃれな柄から、今、女性たちにじわじわと人気が高まっています。

使い心地の面でも、西洋タオルは、使っているとだんだんふんわり感が薄れていき、ゴワゴワになりますが、日本手ぬぐいなら、使えば使うほどに肌触りがやさしくなるのも人気の理由です。

季節の柄は、タペストリーとして壁飾りにして楽しむこともでき、部屋のインテリアとしても素敵なアイテムになります。

品質の良さで選ぶなら、浅草で創業65年の「ふじ屋」の手ぬぐい。ここの手ぬぐいは生地がしっかりしていて厚め。パキッとしているから長く楽しめます。木綿ならではの心地よい肌触りで、使い込むほどにやわらかくなり、吸水性もよくなってきます。

手ぬぐいは染め物で、注染という日本独自の染色方法でベテランの職人の巧みな手作業によって作られます。まずは下絵を描く。そこから型紙を作っていくのですが、型紙は一色につき一枚。何色も使うものもあって、なかなか手間のかかる作業です。一色ずつ色を浸透させる製法なので、染料の浸透具合を図る熟年の勘が必要とされます。染具合で一枚ずつ仕上がりが違い、その仕上がりは工芸品として珍重されます。

「ふじ屋」の手ぬぐいが人気なのには、もうひとつ理由が。それは柄の楽しさにあります。

グラフィック的に素晴らしいからです。柄に日本文化らしい、とても洒脱な雰囲気が溢れていて引きつけられます。約２００年も前からある伝統の絵柄もあります。

禅宗の修行僧「雲水」が並んでこちらに歩いてくる絵柄と、雲水が向うに歩いて去ってゆく後ろ姿の絵柄の２枚がセットになった「行く年、来る年」は、年末のご挨拶にもぴったり。

江戸時代後期の浮世絵師、戯作者の山東京伝の作「江戸生艶気樺焼《えどうまれうわきのかばやき》」の主人公が暖簾のかかった舞台裏から客席をのぞいている絵を描いた作品もとてもユニークで楽しい。

めでたい席にぴったりな鯛の絵柄や、月と桜の柄が季節感にあふれたものなど、どれも素敵なのです。

特に私が好きなのが、葛飾北斎の「かすがい」という絵を使った手ぬぐいです。この作品などは、グラフィック的にも最高。額に入れて部屋に飾りたいほどです。

とても小粋な柄づかいや、ユーモアのある図柄が楽しめる日本古来のとても便利な生活アイテム。贈り物にしても、贈り手のセンスの良さを感じてもらえることでしょう。

第五章　ずっと遺《のこ》したい職人がつくる家

呼吸する木の家に住む

広がる木の香り……「木の家」は、人をやさしく包んでくれます。天然の木の家の魅力は、木のもつ力で健康的に過ごせるだけでなく、なんといっても人肌にやさしく、快適に過ごせることにあります。

木は生きて、呼吸しています。天平時代を中心とした多数の美術品を収蔵する宝物殿「正倉院」。美術工芸品を大切に保管するために、湿度の管理を考えた校倉《あぜくら》造りの高床式倉庫で知られています、昔ながらの木造の家もこれと同じ考えなのです。木材は湿度の高い時には膨張して外部の湿気が入るのを防いでくれ、逆に外気が乾燥している時には、木材が収縮して隙間を作り、風を通します。日本の四季の特長である乾燥や湿気を適度に調整して快適な空間をつくってくれるのが木の家です。しかも引っ張り強度や圧縮強度は、伐採時よりも300年後のほうが強く、それは歴史が証明しています。これは耐久性があり、地震にも強いことを物語っています。これまでずっと日本人の住まいとして継承されてきたのにはそんなきちんとした理由があるからです。

日本の家は、戦後の高度成長期ぐらいまでほとんどが木造住宅でした。日本には美しい四季があり、樹木が成長するために必要なたっぷりの雨をもたらしてくれます。豊かな森林の国日本の恵まれた環境で育った木の文化を、日本人は、つい最近まで大切にしてきました。世界が認める法隆寺や桂離宮などの木造建築は自然と調和し、美しく機能的であることを考えても、その素晴らしさは実感できます。

日本の家づくりは、時代の波にさらされながら急激な変化を余儀なくされてきました。第二次世界大戦後、高度成長とともに生活スタイルも急激に変化し、住宅は大きく変貌してきました。この時代に求められたのは「とにかく早く、大量に」でした。それがまさに時代のニーズに合わせて誕生した大手ハウスメーカーの家造り。そしてマンションなど高層の集合住宅や、戸建住宅でも鉄筋コンクリート造りやプレハブ工法の住宅が多くなっています。それと同時に、アレルギーなどの病気も増えています。

日本は今、大量生産大量消費の住宅産業社会から脱して、自然と共生することで家族がほっとする心豊かな住空間の家に方向転換する時を迎えているのです。

木の家は、木の性質を熟知し、その活用方法をよく知っている大工の手仕事から生まれます。そしてその技術はずっと伝えられてきました。伊勢神宮が20年に一度建て替える遷宮は代替わりする大工の職人技を代々継承していくためだといわれています。

木を知り尽くした大工の技を大切にして、素敵な木の香につつまれた暮らしのすばらしさを、日本人としてぜひ取り戻していただきたいのです。

足触りが心地よい天然木の床

毎日を過ごす住空間の快適さは、その感触の心地よさが大きく影響すると言っても過言ではありません。だから、赤ちゃんがハイハイする床こそ、本物であってほしいと思うのです。本物の木材をそのまま使った床材に触れ、裸足で過ごした赤ちゃんは、その自然の優しい肌触りを大人になっても覚えていることでしょう。未来への価値観に繋がります。それは決して贅沢なことではありません。まぎれもない真実の価値観といっていいでしょう。

木の床は、湿度の多い日は水分を吸収し、乾燥している日は水分を放出して室内の湿度をある程度一定に保ってくれるため、夏は涼しく冬は暖かいのです。だから無垢の木でつくられた床は年月とともに心地よさを増し、家や家族になじんでゆきます。その過程こそが家の歴史だといっていいでしょう。

また、住空間の品格を決める要素として、意外と大きいウエイトを占めるのが床材の良し悪しです。玄関に立ったときまず目に飛び込んでくる床材の質感が醸し出す雰囲気こそ、その家の品格を強く印象づける役目を果たします。どんな高級家具を置いても、床材に本物の味わいがなければ、品格は落ちてしまいます。床は家の印象を決める大切な要素であることを肝に命じてほしいものです。

昔は、床材といえば木と決まっていました。ちょっと心に浮かべてみてください。お寺の本堂や長い廊下など、厚みのある無垢の木の床でした。あれはフローリングとは呼びません。本物の無垢の床は、年月を経るにつれすすけてきて、独特の風合いがあります。人の脂が付いたり、汚れたり、傷ができたり、使えば使うほど床の味わいは深まっていきます。

それがいつの間にか、合板の板に木の模様をプリントしているような、一般にはフローリングと呼ばれる新建材に変りました。これは年月がたって古くなることはあっても、味わいが出ることもなければ、年月を経て、破れたりしたらいずれ張替えの必要が出てきます。本物の木の床なら張り替える必要など永遠にありません。無垢の床だったら、たとえ汚れても傷ついても深い味わいに変わっていくのです。住宅先進国イギリスでは、古い床材が高値で売買されるといいます。

オルセー美術館に飾られているギュスターヴ・カイユボットの「床を削る人々」という作品をご存知でしょうか。お金持ちの邸宅らしい広々とした邸で、古くなった床を削って新しくする作業を黙々とこなす3人を描いた作品です。そう、そのように本物の床は削って新しくすることだってできるのです。

永く使える本物の床材こそが、私たちが今最も大切にしたいものなのです。

自然と調和する
木の窓のある
暮らし

窓の大きな役割として外とのつながり、景色を観る、光を採り込むなどがあります。昔から日本の住宅に使われた木の窓は、木材建築と調和し、大きな間口がとれ、庭とのつながりも楽しめます。大きな一面窓とその木枠はインテリアとしての素晴らしさもあります。

最近では日本以外の先進国では断熱性の高さも考えて、さまざまな優れた点や美しい佇まいから、木製のサッシが主流となっていますが、日本ではアルミサッシが主流となっています。もとは海外と同じように木製だった日本の窓が、加工が簡単で巨大な工場で大量生産できるアルミサッシにとって変わったのはいつ頃からだったでしょうか。昭和30年代だったと思います。

それが最近ではアルミサッシのマイナス面が多く知られるようになってきました。まず、第一にアルミサッシはフレームが弱い。だから広い窓には適さない。次に、熱伝導率が高いアルミは、戸外が寒い時は戸外と同じように冷たくなってしまいますし、逆に室内を暖めると温度差で結露ができますので、カビの原因となってしまいます。だから気温がずい分低くなるヨーロッパの家には木製サッシが多く用いられます。

木の窓の良さはまだまだあります。自然素材なので、製造段階での炭酸ガス放出量も少なく、廃棄段階でも有毒ガスを出すこともありません。大変にエコな素材です。また、火災の際にも、木は炭化して火に耐えることで炎の侵入を防ぐという力を発揮してくれます。

最近では日本でも、断熱性や気密性の高い木製サッシの風土に馴染んだ自然な風合いが見直され、人気も高まってきています。そのため、各メーカーからさまざまなスタイルやデザインが提案されていて、和洋を問わずどのようなデザインの住まいにも取り入れることが可能です。機能性、デザイン性などさまざまな観点から、アルミや樹脂サッシに比べて世界的にも一番グレードが高いのは「木の窓」で、ヨーロッパでは、いい住宅の象徴です。自然と調和する「木の窓」をもっと大切に考えたいですね。

やわらかな
光が織りなす
美しい空間

遠く平安時代の貴族の暮らしのなかで生まれ、日本人の暮らしに溶け込み、豊かな文化を育んできた明かり障子。白い和紙と木の格子が織りなす美しいテクスチュアで、室内の空間に幽玄の世界をつくりだしてくれます。その美しい造形美はアートに近い感覚で、国内外でもやわらかい光の美しさに魅せられた人が多く、むしろ新しいインテリアとして見直されています。

和紙を貼った障子は、直射日光を適度に遮り、部屋全体をやわらかな光で包みこんでくれます。光は通すけれど風は通さない。障子に映る陰影は、内にいながらも外の気配を感じることができます。障子を通した月明かり、したたる緑の木の影や、紅葉を映す障子……。また、庭に降り積もる雪を眺めるために障子の一部をスライドして上げる「雪見障子」も趣があります。庭の景色を切りとり計算された美しい障子は、季節の移ろいを暮らしに取り入れ楽しむ日本人の心にぴったりな建具です。雪見障子越しに見える庭の景色には独特の「美」があります。

格子には、組子《くみこ》の細かな技術を取り入れたものがあり、とても機能的で美しいものです。縦、横、菱組などさまざまに組んだ、気が遠くなるほどの細やかな作業には、日本の職人ならではの繊細で見事な技が生きています。その精緻な美しさは、ヨーロッパのステンドグラスと比べても決して劣らないもので、むしろ、東洋的な美しさが好まれることも多いのです。

日本人の暮らしには昔から狭い空間でも光や風をうまく採り入れることによって空間を生かしてきました。日本家屋独特のほの暗さの文化や陰影の美を演出するものとして、障子や建具は、日本の建築文化の象徴的な存在でした。それこそがまさに豊かに暮らす知恵なのです。茶室の小間を例にとっても、狭い空間をいかに豊かに演出しているかがわかります。明かり採りの障子に、ほの暗い床の間、にじり口……

狭い空間だからこそ亭主と客が豊かな時間を共有でき、一期一会のひとときがみごとに演出されています。

障子の美しさを演出する和紙はコウゾ、ミツマタなどの原材料を使って作る手漉き和紙です。近年、ユネスコの世界無形文化遺産に登録された手漉き和紙は、1000年以上の伝統を持ちます。

障子と建具……日本の美。職人さんの繊細な手仕事を身近に感じる暮らしを大切にしたいものです。しかし、住環境の変化や、職人の高齢化が進み、年々生産量が減少していることは残念なことです。職人の高い技術を喪失させないよう、後継者の育成にも力を注がなければと、心から思います。

自然素材の
土壁で
健康に暮らす

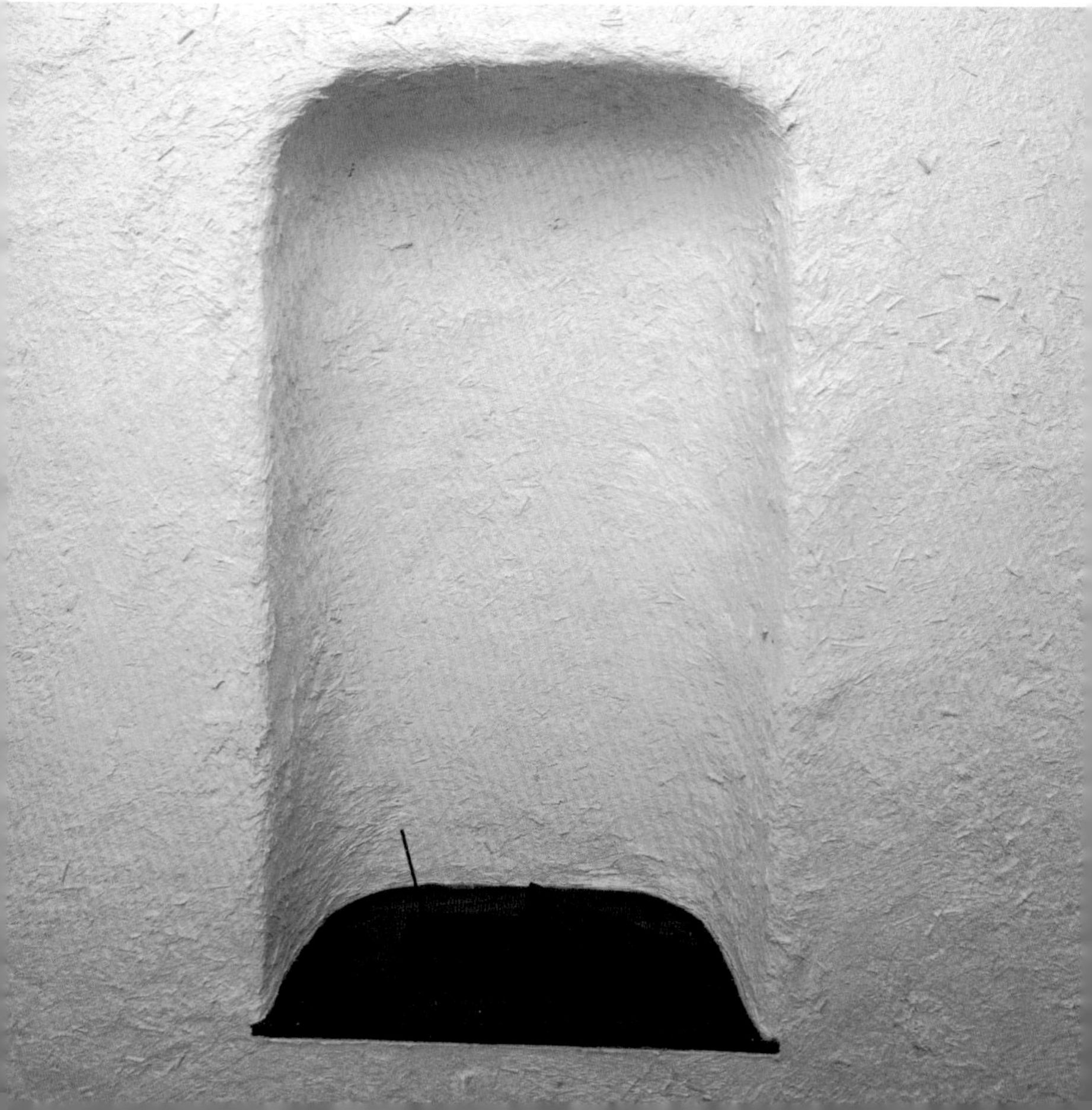

佇まいが美しいというだけでなく、土壁の最も大きな特徴は、一度暖めた部屋の熱を壁が蓄え、その蓄えた熱を輻射熱によって放出すること。部屋の温度が一定に保たれるすぐれものだという点にもあります。これは、土が呼吸するということなのです。外気を吸っては吐き出すので、部屋の中は外部と比べて湿度の変化も少なく、結露を作ることもありません。カビが生えないということはカビによって健康を害する心配もないという大きな利点があります。一方、乾式工法の壁で使用するビニールクロスの下にはプラスターボード（石膏ボード）がありますが、これは空気を通さないので、湿気に弱く、水を含むと膨れてカビの温床となるのです。

今、さまざまな病気の原因となっているのが「結露の家」。健康的な暮らしのためにはまず何よりも先に考えたいのが「結露しない家」です。住まいの湿気に対する昔ながらの考えを無視してきた結果、アトピーなどの病気を増やすことになってしまったからです。結露対策がしっかりとされた家に住むことが大事なのです。また、土壁は耐用年数も長く、要らなくなったときには文字通り「土に還る」のです。

土壁は、竹を細かく格子状に編み、そこに左官さんが水と藁を含んだドロドロの土を塗り重ねて壁を造っていく工法で、「湿式工法」と呼ばれます。土壁は、土の種類や配合によっても異なった表情をみせ、また、同じ土でも左官さんの仕上げ方によってさまざまな表情になります。土の成分の違いや砂の混ぜ具合など、仕上がりのバリエーションが豊富にあるのも楽しいもの。その自然素材の素晴らしさを引き出すのも左官さんの腕ひとつで、仕上がりのクオリティーが決まるといってもいいのです。

白壁の美しい街並みといえば、岡山県倉敷市、そして福岡県浮羽郡吉井町。白壁は漆喰《しっくい》の壁です。漆喰は、日本古来の壁材料のひとつで、石灰に植物の繊維と海草のノリを加えて作ります。白壁が並ぶ街並みは、街全体が統一されて、とても美しいのです。

昔はどこにでも見られた「土壁の家」。近くの山の木と、竹と土という身近な自然の素材を使って行なう、ごくあたりまえの家づくりでした。ところが、現代の住まいのほとんどが部屋の中はビニールクロス、外壁はサイディングという「乾式工法」にとって変わられ、自然と調和した「土壁の家」はだんだん見られなくなってしまいました。

土壁、漆喰を扱う左官さんの技術。その素晴らしい伝統の技術を大切に継承させていきたいですね。

風格のある
古民家の住まい

古民家に住んだり、何百年も人が住みつづけてきた住宅を移築したりして新しいもののなかに古いものの良さを活かそうとするスタイルが、豊かな住空間として見直されています。黒光りした大黒柱や板の間、廊下、見上げる天井には大きな梁。何百年も生き続けた日本の美しい家。そこには使いこなされたものだけが持つ豊かな味わいと、そこはかとなく感じられる風格があるのです。

兵庫県神戸市にある国の重要文化財「箱木千年家」は、日本最古と推定される民家のひとつ。実際の建立年代は明らかではありませんが、おもやの建設は室町時代と推定され、そこには、何百年もの歳月に培われた深い味わいが宿っています。

また、「箱木千年家」まで古いものでなくても、職人の技やこだわりがさまざまな場所に感じられるのも古民家ならではの素晴らしさ。天井にむき出しになっている梁。それは自然の造形が創りだす素晴らしいデザインといえます。梁は、自然の木の曲がった形をそのまま活かして組み合わされています。それは木の性質を知っている大工だからこそできる技術なのです。

その梁の下にかつて、囲炉裏を囲んだ家族の暮らしがありました。囲炉裏で火を焚くと、その煙に燻された梁が煤けて真っ黒になればなるほど梁の魅力は増してきます。「幸せな家庭の家にはシロアリがつかない」という昔からの言い伝えがありますが、本当は煙で燻された木は、繊維が強くなりシロアリなどの虫を寄せ付けなくなるからです。

天井の梁をライトアップしてみると梁の曲線に光があたり幻想的な雰囲気を醸し出してくれます。その空気の中にいるだけで、ゆっくりと流れる時間が感じられ、心落ち着く……。どんなにおしゃれなインテリアデザインも、その美しさには勝てないと思います。

そんな貴重な家を壊さずそれを大切に活かすことができたら、どんなに素敵でしょう。何百年も生き続ける木に囲まれた生活は豊かです。


ヨーロッパでは、使いこなされ代々愛着をもって住んできた古い建物ほど高い価値を持つといわれています。建物に風合いが生まれ、素敵なたたずまいが好まれ、住めば住むほど価値が上がるというわけです。新築のものほど高い価値を持つような今の日本とはまるで逆。本来は使えば使うほど味わいが出てくるものだし、そこには文化の薫りさえただようものです。日本人がそのことに気づいたとき、初めて真の豊かさを手に入れることができるのだと思います。

日本の古い家も、日本の大工職人の手によって守られ、価値をもつことができるといいのですが……。大切にしたいと思います。何百年も生き続けた「日本の美しい家」の技術を。

季節の訪れを知らせる庭

春は青葉、秋に紅葉、冬に静寂……と四季折々に美しい日本庭園。白砂に石、鮮やかな苔の緑と竹林をわたる風、満開の桜、一面の雪景色……京都のお寺などで楽しめるかずかずの名園は、どのシーンを切り取っても風情があります。なかでも「桂離宮」は、池に映る月が楽しめる風雅な茶室「月波楼」などもあり、諸外国の建築家からも「簡素さのなかに美と深い精神性がある小宇宙」と高い評価を得ています。

京都の名園でなくても、私たちの小さな庭もまた季節ごとに生命が宿る「小宇宙」です。春には花々が咲き、野鳥たちがやってきて、夏には生き生きと青葉が茂ります。秋は紅葉と落ち葉、冬にはしんしんと積もる雪の下に春を待つ小さな植物の芽が眠っています。季節が巡り、新しい季節の訪れを教えてくれるのも庭です。

また、人は庭で生態系をつくっていかなければならないと思います。庭の木になる実を野鳥が食べにくる。小鳥はフンをして肥料になり、フンの中に種が入っていて思いがけない木が芽吹き、花を咲かせることもあります。わが家にもサクランボの木があります。サクランボの実がなったら子どもたちと食べることを楽しみますが、必ず小鳥たちの分を残しておきます。それを「来た、来た」と、家の中から見るのも楽しいものです。そして、その木の実はやがて落ちて土にもどり自然界の生態系は循環していきます。

「今日は友だちをテラスでのランチに招待しようかな」と思う……住まう人にそんな素敵な時間をくれるのも庭の役割です。木を植え、花を育て、日々の生活に季節の訪れを感じさせてくれる庭ですが、家にとってはもうひとつ大きな役割を持っています。それは温度管理の場所でもあるということなのです。京都などに見られる小さな中庭も、苔や木が庭の空気を涼しくしてくれて、そのさわやかな緑の風を家の中に採り込んでくれています。

日中だけでなく夜の庭も魅力的です。小さな庭であってもライトアップするだけで、素敵な雰囲気を醸し出してくれます。リビングの灯りを落として眺めているだけで心休まる豊かな時間が流れることでしょう。

もうひとつ、家の中と庭とのつながりに「第二のリビング」と呼べるガーデンルームがあると素敵ですね。ガラスに囲まれたこのスペースは、緑が美しい季節は、オープンにしてテラス感覚でお茶の時間や、時にはバーベキューを楽しみ、冬にはクローズして、暖かい日差しを楽しみながら本を読む空間として生きてきます。ここに薪ストーブを置いて、ティータイムを楽しみながらチロチロ燃える炎を見つめる時間もいいでしょう。そんなふうに家族みんなが日々気持よく過ごせるスペースとして、大活躍しそうなスペースといっていいでしょう。

子どもたちが小さな頃に植えた木がどんどん大きく育って、家の重みや歴史をつくっていってくれるのです。そんな庭を大切にしたいものです。

別世界が楽しめる小間の茶室

木と竹と石、そして土による日本古来の建築様式、数寄屋造りで造られる茶室。その簡素な美しさと、そこに活きる職人の見事な仕事を考えてみたいと思います。

はじめて独立した茶室を創造したのは、千宗易《せんのそうえき》、のちの利休といわれます。茶室は、茶器を茶室に持ち込む前に洗って揃えておく控えの間（水屋）と、客が茶室に入るのを待つ玄関（待合）、そして茶室と待合をつなぐ小路（露地《ろじ》）から成っています。露地を通って日常性を切り離し、茶の湯の世界へと入ってゆくのです。石をひとつずつ踏みしめ、苔の美しさや冬ならば散った松葉の深い趣を味わいながら歩くひとときは、まさにこれから始まる茶事のプロローグ。露地を歩いて心を清めたら、手水鉢で、手と口を清め、身も心も清めてから茶室へと進みます。

みかけは質素に見える茶室ですが、その建築に使われる素材には、深い芸術性があり、気品に溢れています。職人の腕はもちろん、材料の選択や細密な心配りが必要だからです。茶室を造ることができる職人は、大工職人のなかでもごく希な名誉ある存在なのです。知識と技術と美的感覚、細心の手際が要求されるからです。日本の伝統的な建物、本格的な茶室を造れる職人が少なくなった時代ですが、茶室を造るなら、この方にとおすすめしたい最も尊敬する職人さんがいらっしゃいます。糸島市「牧井創楽庵」の牧井貞二さんです。

京都で庭師修行をした牧井さんは、同時に茶道に入門。数々の庭園造りを手がけ、1991年に数寄屋建築庭園専門工事の「牧井創楽庵」を設立。雲仙旅亭半水盧や割烹和多伴の造園などをはじめ、庭につながるさまざまな茶室を創ってこられました。今では数少ない茶室造りのエキスパートとして広く名前が知られている職人さんです。彼の作品を見ると、その趣味の良さにきっと誰もが茶の湯に親しみたくなるでしょう。そして、いつかこんな茶室が欲しいと。

牧井さんと私が今、提案しているのが、約9平方メートルの小間の茶室です。これは三畳台目《さんじょうだいめ》の茶室といい、丸三畳の客座と台目畳一畳の点前座で構成された茶席です。千利休が大阪屋敷で初めて試みたという茶室で、室内に変化があり、客席にゆとりがあるため、使い勝手がいい茶室として昔から数多く建てられてきました。表千家の「不審菴《ふしんあん》」や桂離宮の「松琴亭《しょうきんてい》」なども三畳台目の茶室です。この10平方メートル以下の小さな茶室なら、建築許可が必要でないため、今は難しくなった日本の伝統の建築法で建てることができるのです。土壁や木、竹、石でつくられ、四季折々の美しい日本の自然と一体化する理想の茶室が実現できるのです。

茶の湯を楽しみはじめると、暑いとか寒いだけでなく、微妙な季節の変化を五感で楽しむ心のゆとりが生まれ、豊かな時間が流れ始めます。親しい友に茶室で一服差し上げる……。人生のよき時間が流れます。

おわりに

一生使える暮らしのモノとは、どのくらい使え、どのくらい遺《のこ》るのでしょう？　もし、それが価値あるモノであれば、壊れた時には職人さんのところに持っていけば修理してくれます。だから、本当は、一生……いやそれ以上の長い時間、子どもや孫の代まで遺《のこ》るのです。我々はそんなモノをつくってくれる職人を遺していかなければならないと思うのです。価値あるモノを伝えなければならないと。

私は20代前半から家をつくる工務店

の仕事を営んできました。右も左もわからない時に教えてくれたのは大工をはじめとした職人さんたちでした。職人さんの技術を伝えずっと遺していける美しい建物をつくろうと日本はもとより世界の住宅デザインの勉強をしました。特に快適に過ごせる家づくりのために住宅先進国のドイツで性能を学び、お客様がずっと自慢していただける家を福岡でつくってきました。

それは全国の同業者から注目を浴びました。反響の多さから同じ想いの工務店と一緒に「遺《のこ》す家」を作ろうと思うようになりました。

しかし、戦後急速にふえたハウスメー

カーやローコスト住宅の出現で、大企業であるハウスメーカーの宣伝力に負け、真面目に取り組んでいる工務店は陽の目を見ない状況となり、かくして腕のよい職人は仕事を無くし廃業することとなったのです。

大量生産の工場でニセモノを作り、消費者には知名度で高く売る。そして20年そこらで価値をなくす……。これではいけない。職人が家を守り続ける文化を遺《のこ》す必要があると私は思っています。家をまるで家電製品の新製品合戦のように次々と売り、消費者に借金を負わせ、消費者は家族との時間を犠牲

にして働く。もし家が３００年もてるのであれば次世代は多額の借金をしなくてもいいのではないだろうか？　愛する人ともっと永く過ごせるのではないだろうか？　そんな想いで住宅業界に身をおいています。

そんな日々の中でふと思ったのは、住まいを提供したお客様には健康に暮らしていただくためのライフスタイルも提案すべきだと、安心安全な野菜をはじめとした食材を提供する事業も40歳で始めました。その場所に選んだのは福岡、糸島です。農村地域の集落の再生のために、歴史ある醤油蔵を改装して消費者と農家の出会いの場所をつくりスタートさせま

した。ここでもまた、住宅業界と同じアツレキを感じました。巨大な組織と仕組みで消費はコントロールされ、真面目に取り組んでいる農家は陽の目を見ないという現実がありました。

私は食と住を通じて暮らしのあり方を消費者に提案することが、家づくりに、食づくりに真面目に取り組む職人を遺《のこ》すことに繋がると信じ、この本を書きました。消費＝経済から脱却し、愛する人と一緒に愛するモノと過ごす時間を大切にしたいと心から思える社会になることを期待しています。

眞木 健一

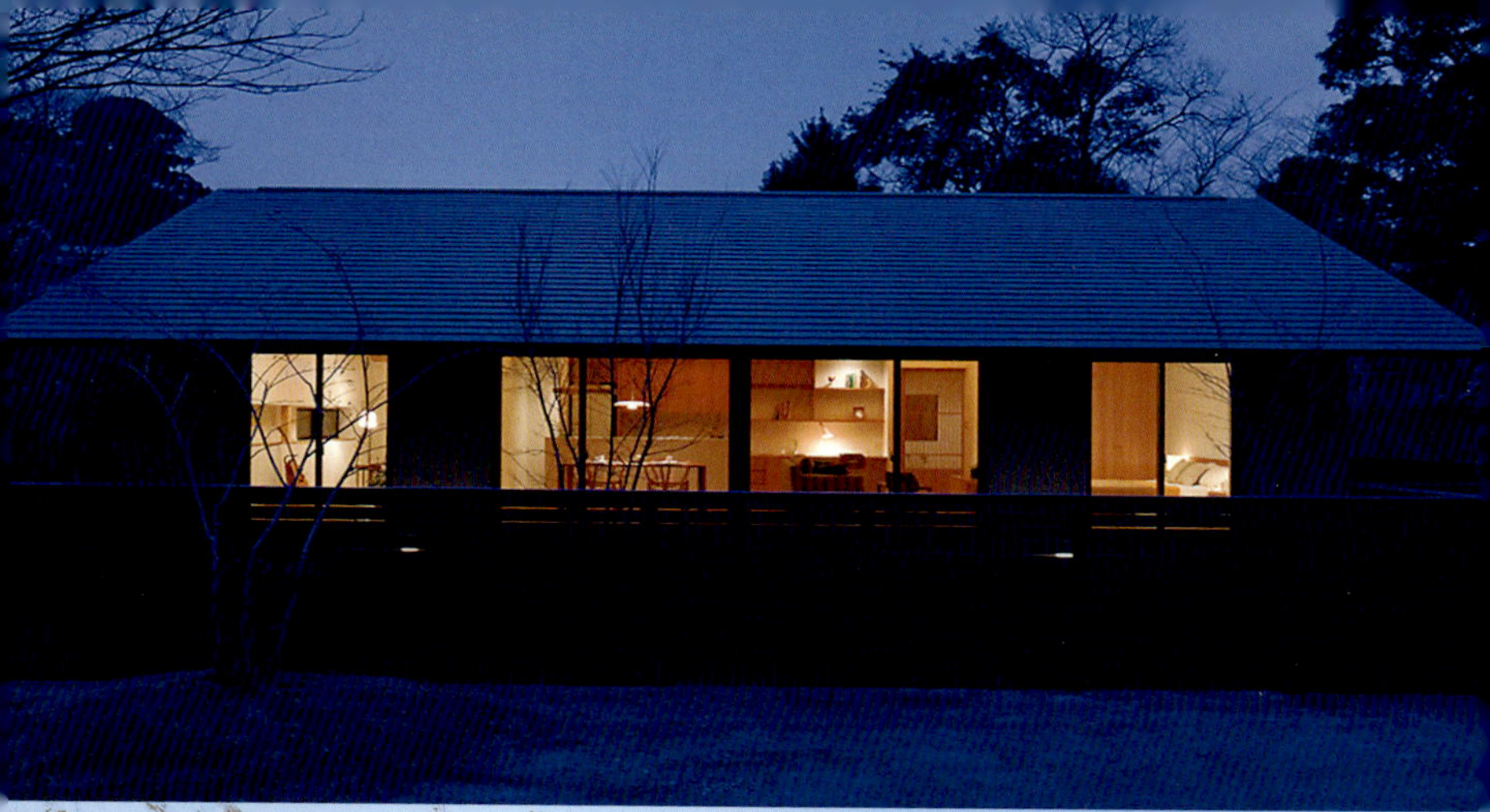

■著者プロフィール
眞木 健一（まき・けんいち）
MAKIHAUS 株式会社取締役会長。1967 年福岡県生まれ。米国へ留学した後、東京で不動産販売業を経験。その後、MAKIHAUS、カーサプロジェクト（株）に入社。世界中の建築を視察し、「いい家づくり」を追求していくうちに、設計士や職人の技術が生きる注文住宅のすばらしさに気づく。現在、注文住宅を中心にリノベーションやライフスタイルの提案を行っている。福岡県在住。

アートディレクション・デザイン　垣田 健壱郎（垣田健壱郎デザイン事務所）
撮影　土肥ツネハル（CREO photo studio）
表紙椅子　個人所蔵
編集　池田 雪（書肆侃侃房）、瀬川 恭子（書肆侃侃房）

More Better Life　豊かに暮らすということ

2016 年 2 月 8 日　第 1 刷発行

著　者　眞木 健一
発行者　田島 安江
発行所　書肆侃侃房（しょしかんかんぼう）
〒 810-0041
福岡市中央区大名 2-8-18-501（システムクリエート内）
TEL 092-735-2802　FAX 092-735-2792
http://www.kankanbou.com
info@kankanbou.com

DTP　黒木 留実（書肆侃侃房）
印刷・製本　大同印刷株式会社

ISBN978-4-86385-210-5 C0095